AF142410

2020 © Marie-José DELLA
Éditeur : Books on Demand GmbH
12, 14 rond-point des Champs Elysées
PARIS, France
Impression : Books on Demand, GmbH
Worderstedt, Allemagne
ISBN : 9782322234820
Dépôt légal : novembre 2020
Tous droits réservés pour tous pays

Mettre des MOTS

sur ses MAUX

Marie-José DELLA

FSC
www.fsc.org
MIXTE
Papier issu
de sources
responsables
Paper from
responsible sources
FSC® C105338

Sommaire

1 - Qui suis-je ?

Je m'appelle Jessica mais tout le monde m'appelle Jess et j'ai trente-cinq ans. Je suis assistante sociale car j'aime aider les autres. J'habite Paris avec mon chat neige. Il est aussi indépendant que moi et fait sa vie comme il l'entend (bon, j'avoue, un peu trop comme moi quand même). J'ai craqué sur lui. Il est doux et aussi gentil que moi mais il ne faut pas lui en demander trop. S'il ne veut pas de tes câlins, il sait te le faire comprendre.

J'habite donc Paris mais je commence à saturer. Quand je regarde tous ces gens, banlieusards et parisiens, prendre les transports en commun tels des automates, cela me désole. On ne fait que courir, on est à la limite de se battre en temps normal pour pouvoir monter dans le métro, le bus, le RER ou le tramway et encore plus en temps de grève. Et les grèves, ce n'est pas pour dire mais on en a mangé tellement ces derniers temps que rien que de voir une personne en uniforme avec le logo CGT de la RATP ou SNCF me faisait sortir de mes gonds car cela me rappelle la galère que j'aurai à vivre, le soir, au retour du travail. Je n'en peux plus de passer mon temps, ma vie à courir dans les transports. En région Parisienne, le temps normal de trajet en moyenne est de 45 minutes. Il m'est arrivé de recevoir des gens qui peinaient à joindre les deux bouts, même en travaillant, et qui venaient demander de l'aide. Certains faisaient 1 heure 15 voire 1 heure 30 pour rejoindre leur travail. Après avoir passé des fêtes de fin d'année pourries, on se demande bien pourquoi ! Nous voilà entrés en 2020. Une année qui promet de belles choses. Un chiffre pair, c'est rassurant. 2020 allait effacer tous les problèmes de 2019 qu'on avait connus. Les manifestations gilets jaunes et les grèves de transport seraient derrière nous et on repartirait du bon pied. Ça, c'est ce que je croyais. Mais ça, c'était avant. Le début d'année n'a pas été aussi calme que je l'avais souhaité... Et pas que socialement. Plus les jours passaient et plus mes émotions prenaient le dessus sans que je puisse faire quoi que ce soit pour les freiner au pire, les calmer au mieux.

Quand je regardais les gens marcher d'un pas pressé, les sourcils froncés en consultant leurs montres ou quand je les voyais s'accrocher à leurs téléphones, je me demandais : c'est cela la vie ? C'est cela que je veux continuer de vivre jusqu'à la fin de mes jours ? Et puis, je me résignais. Non pas que je n'aime pas mon travail. Mais voir les gens malheureux et être impuissante à pouvoir les aider comme je le souhaiterais est frustrant. De plus, avoir soi-même besoin d'une épaule réconfortante mais n'avoir personne pour s'y reposer, cela pèse parfois même si je suis souvent entourée d'amis. Quand je descends en moi, je me sens seule. Mais à quoi bon se morfondre ? Je fais déjà un métier que j'aime, j'ai la santé et je mange à ma faim contrairement à ceux que je reçois parfois qui vivent grâce aux bons alimentaires ; je me dis que j'ai de la chance. Alors je fais comme si tout allait bien et je continue à avoir un semblant de vie normal extérieurement alors qu'intérieurement tout est sombre. Il y a un vide profond que j'essaie d'étouffer en étant souvent entourée d'amis, de ma famille ou même juste en me promenant dans les centres commerciaux.

Quand je me retrouve seule chez moi, le soir, car je suis trop fatiguée pour sortir, je mets soit la télévision en bruit de fond pour avoir de « la vie » soit j'écoute de la musique même quand je lis. Et, en ce moment, je lis beaucoup. Pendant un temps, c'était beaucoup des thrillers mais maintenant, je suis plus axée sur le développement personnel. J'avais commencé par lire « *Kilomètre zéro* » de Maud Ankaoua qui m'avait beaucoup fait pleurer et ensuite « *Respire* » de la même autrice et tant d'autres livres comme « *Le jour où les lions mangeront de la salade verte* » de Raphaëlle Giordano. Mais, tous ces livres, j'avais l'impression qu'ils se terminaient toujours bien, un peu comme des livres à l'eau de rose. Alors j'ai commencé, au lieu de lire, à regarder des vidéos explicatives sur YouTube sur le bien-être et le développement personnel pour aller plus vite car j'avais soif d'apprendre et parce que cela me parlait, même si parfois les informations me dépassaient. Ma bibliothèque de livres papiers et audios s'est vite retrouvée remplie par ce thème.

Bref, tout cela pour dire que les seules fois où il y a du silence chez moi, c'est quand je dors où quand je ne suis pas là. Par contre, parfois le silence prend le dessus : quand je suis au lit juste avant de me retrouver dans les bras de Morphée ou le matin tout juste réveillée. J'écoute alors ce silence, trop fatiguée pour me battre afin de le faire taire et il fait remonter en moi des émotions que je m'habitue à étouffer la journée par des bruits, des sons, du monde. Pourquoi fais-je cela ? Parce que ces émotions font mal. Et je ne veux plus avoir mal. Même si quand la douleur est présente, la prise de décision est plus simple et définitive, on est alors en pleine lucidité. Comme quoi c'est dans ces moments de douleurs que l'on est guidé par une force intérieure qui nous permet d'avoir « La » réponse.

J'ai beau prendre de bonnes résolutions, motivée par tous ces encouragements de coachs en ligne, pratiquer la pensée positive que cela soit pour ma vie professionnelle ou personnelle, être dans l'acceptation des comportements des gens parfois déraisonnés et leur trouver des excuses, je vous assure que, malgré ma bonne foi, malgré mon envie de m'améliorer et malgré ma volonté, parfois, les gens, j'ai envie de les envoyer balader plutôt que d'être dans le diplomatiquement correct. Alors, j'écoute *ma petite voix* qui me calme. Vous savez, cette petite voix à l'intérieur de nous qui nous dit que faire dans une situation difficile... Mais est-ce la petite voix nous veut du bien ?

2 - Différence entre la petite voix et l'ego

Oh ! là là ! Combien de fois, en voulant être bienveillante avec moi-même, j'écoute cette voix à l'intérieur qui me dit : *mais non, sois raisonnable, ça ne marchera pas, évite-toi un échec de plus...* ou *tu n'es pas à la hauteur, tais-toi, tu vas encore dire des bêtises !* Ou encore *il est bien trop bien pour moi ?* Et qu'est-ce que je fais ? Je lui obéis, bien sûr, en me disant que si elle me dit cela, c'est qu'elle a forcément raison. Mais est-ce bien la petite voix ou mon ego ? Cela, je l'ai compris récemment.

La petite voix est celle de notre âme, qui vient du plus profond de notre être. Comme son nom l'indique cette « petite voix », parle tout doucement, faiblement, et pourtant, elle est puissante. Je pourrai comparer la petite voix au chien de race Pitbull qui est imposant mais qui n'aboie pas sans raison et l'ego à celle du Chihuahua qui, lui, aboie pour un rien mais ne mord pas.

Je ne dis pas qu'avoir de l'ego n'est pas une bonne chose. L'ego joue un rôle important dans notre vie car il permet de répondre à nos besoins vitaux comme manger, dormir, respirer : de plus, il nous avertit du danger, nous donne envie de nous sentir utile, de développer nos connaissances.

Comme vous le voyez, l'ego est important dans notre vie de tous les jours mais, parfois, il prend plus de place que prévu et là, tout se gâte. Combien de fois avons-nous réagi au quart de tour sous l'effet de la colère ? Cela arrive souvent. Croyez-vous que vous l'avez fait sous l'influence de l'ego ou de celle de la petite voix ? Bien sûr, l'on réagit sous l'emprise de l'ego qui se sent offensé ou, tout simplement, qui veut avoir le dernier mot. Parce que l'ego aime critiquer, juger, rabaisser les autres mais n'aime pas qu'on le critique, le juge ou le rabaisse car cela active ou réactive une ou plusieurs blessures émotionnelles. (Cf. Le livre « *Les 5 blessures qui empêchent d'être soi-même* » de Lise Bourdeau).

Comment savoir si la voix que l'on entend est notre « petite » voix ? Tout simplement parce qu'elle est bienveillante et sage. Elle va nous conseiller de la même manière que l'on conseillerait notre meilleur ami. Non, la « petite » voix ne nous dira jamais : *bien fait pour toi, je t'avais prévenu*, ou *tu t'es vu ? Tu crois que tu peux lui plaire ?* Elle dira plutôt : *vas-y propose ton idée, la prochaine fois tu le feras différemment, comment sais-tu que tu ne lui plais pas si tu ne lui poses pas la question ?* La « petite voix » ne cherche pas à avoir absolument raison, elle ne cherche pas à écraser les autres pour avancer ou à les rabaisser. Quand on lance un projet et qu'il ne fonctionne pas, elle ne va pas en remettre une couche en te culpabilisant encore plus, te faire sortir de tes gonds ou te pousser à te réconforter avec un pot de glace Häagen dazs. Non, elle va avoir des mots apaisants et elle sera triste avec toi. Elle est surtout triste quand on ne l'écoute pas. Quand on l'ignore alors elle se tait et elle attend que l'on revienne vers elle. La petite voix sera toujours là pour nous. Même si on l'a ignoré après des années et des années, le jour où l'on a besoin d'elle, elle est là, prête à nous aider. Mais pour cela, il faut être prêt à l'écouter, à parler avec elle. Il faut lui poser des questions et elle répondra. Pas forcément à l'instant « T » parce que l'on peut être sous l'emprise de l'émotion (colère, haine, tristesse...) car cela peut fausser sa réponse. Parfois les réponses peuvent venir par des signes, par des rêves ou par une attitude de lâcher-prise. Il faut juste apprendre à s'écouter et le meilleur moyen pour s'écouter, c'est le silence. Oui, ce silence que je suis la première à ne pas aimer, il nous aide à mieux savoir ce que l'on veut.

Alors, désormais avant de réagir sous le coup d'une émotion ou de prendre une décision importante, il faut avoir du recul et se poser la question : est-ce que c'est la petite voix ou est-ce que c'est l'ego qui parle en moi ?

3- La webconférence qui change ma vie

Il suffit parfois d'une minute, d'un instant, d'une décision pour que notre vie change. Moi, cela a été à l'occasion d'une webconférence. Et pourtant, des webconférences sur Internet, j'en ai vues, en plus, en ce moment, c'est le truc à la « mode ». Mais pourquoi celle-ci plus qu'une autre ? Je ne saurai le dire.

Je m'étais donc inscrite pour assister à cette webconférence faite par une personne que j'avais découverte sur Internet au hasard de vidéos que YouTube m'avait proposées et j'avais bien aimé sa manière d'expliquer les choses. Alors je me suis dit : pourquoi pas ? Après tout, ce soir de février 2020, je n'avais rien de prévu d'intéressant. Au mieux, j'apprendrai des choses, au pire, cela me ferait passer le temps. Donc, c'est sans rien attendre de spécial que je me connecte pour écouter ce qu'il a à dire. Il a la même tête que sur les quelques vidéos que j'avais vues de lui et il a l'air bien lancé.

Il parle de PNL. J'avais compris que c'était truc en rapport avec le bien-être, quelque chose comme ça. Cela parle d'émotions, d'état intérieur. Bon, c'est bien beau tout ça mais j'ai ma dose à force d'entendre : « prend soin de toi », « écoute-toi », « tu peux être le meilleur de toi-même »…. Le truc à deux balles à la mode que l'on entend à tous les coins de rue. Du style, il va te sortir « LA » formule magique et pouf ! Tu deviens une tout autre personne au point que tu ne te reconnais pas.

Mais c'est quoi au juste la PNL ? D'après la définition de John Grinder et Richard Brandler, la PNL est un ensemble de techniques de communication qui s'intéressent aux origines de nos comportements. Le « P » est égal au « Programme » que l'on a acquis depuis notre enfance et qui influence chaque jour notre vie, le « N » pour la « Neurologie » car on travaille avec les neurones afin de comprendre le système nerveux pour mieux prendre en main notre vie qui interagit avec notre environnement. Et enfin, le « L » de « Linguistique » pour comprendre le langage, notre manière de penser pour décider si oui ou non, nous passons à l'action.

Bref, vous l'aurez compris, au bout d'une trentaine de minutes, après son introduction, je commence à me résigner. Au moment où je décide finalement de mettre fin à la conférence en ligne parce que c'est du vu et du revu, un mot qu'il prononce m'arrête. Et là, je décide finalement de rester. Après tout, il en aura encore pour une demi-heure tout au plus et après, j'irai dormir.

En fait, sans m'en rendre, plus je l'écoutais et plus j'étais intéressée. Les minutes passent et voilà que je ce que je redoute maintenant ne va pas tarder à arriver. C'est bientôt la fin de son webinaire. Il ne va pas tarder à clôturer son discours et ce sera fini. Ce conférencier m'a mis l'eau à la bouche et je reste sur ma faim. Il a une telle façon d'expliquer les choses que cela paraît soudain simple de comprendre ses émotions, de les accepter et de s'aimer. Et pourtant, dans la réalité, il n'en ait rien... Je me dis que ce serait trop bien si j'étais comme cela. Je ne m'énerverai plus pour un oui ou pour un non. Combien de fois me suis-je dit : « *vas-y, oublie-le ce n'est pas la peine de souffrir pour quelqu'un qui ne te mérite pas* », « *un de perdu, dix de retrouvés* », « *mieux vaut être seule que mal accompagnée* »... Toutes ces phrases que tu cries haut et fort en pensant que cela va te permettre de tourner la page en un claquement de doigts. Mais non, on a beau se montrer forte, montrer que tout va bien, le soir quand on se retrouve en tête-à-tête avec soi-même, le masque tombe, et là, ce n'est plus la même chose...

Dans le silence face à soi-même, les émotions que l'on se donne tant de mal à étouffer sous des couches et des couches de paraître, de liste d'amis sur Facebook ou encore d'achats inutiles, remontent à la surface. Et ça, on n'aime pas.

Et pourtant, on peut sans doute faire autrement. Ce conférencier paraît si serein ! Je ne dis pas qu'il ne s'énerve jamais ou qu'il ne critique pas, je dis juste qu'il donne l'impression de maîtriser ses émotions négatives, en tout cas mieux que moi. Et cela me donne envie d'en savoir plus. Le programme de sa formation est en ligne et je me dis « il me faut cette formation ». Je ne sais pas d'où sort cette décision mais en regardant son programme je me sens guidée, comme si cette décision venait du plus profond de mon être. Mais la sentence tombe et quand je vois le prix de cette formation : la première pensée que j'ai c'est : « non, laisse tomber ». Deux mille euros pour la formation en ligne de la PNL incluant les trois niveaux : base, technicien et praticien. Le choc. Impossible pour moi de mettre ce prix dans une formation. Je pense plus à économiser de l'argent qu'à le dépenser alors, hors de question. J'ai envie de fermer la fenêtre du webinaire mais j'hésite comme si quelque chose me retenait de le faire. Je n'y arrive pas et pourtant mon doigt est sur la souris prêt à cliquer.

Et là c'est, des pensées contradictoires me viennent : « *c'est vrai que c'est 2 000 €, c'est un coût mais cela en vaut la peine* », « *tu ne vas quand même pas mettre ce prix pour quelque chose que tu as déjà entendu plusieurs fois gratuitement sur les vidéos quand même !* », « *tu peux t'offrir cette formation pour te comprendre* », « *mais arrête ! Sois raisonnable, c'est quelqu'un qui fait son speech, un de plus parmi tant d'autres !* », « *c'est une opportunité pour toi, regarde, en plus, il propose un paiement en plusieurs fois et, dans son programme, il y a des ateliers en ligne avec des coachs et des interactions en groupe et un bonus* », « *Ne l'écoute pas Jess, c'est de l'argent jeté par la fenêtre. Allez, ferme cette page, éteins l'ordinateur et passe à autre chose* », « *oui, mais c'est une opportunité que tu vas laisser passer* », « *n'importe quoi tu...* ».

Oh ! et puis zut ! Sans comprendre, je fais taire ces voix que je n'arrive plus à suivre et qui m'empêchent de réfléchir. Je sais que je veux cette formation, tout au fond de mes tripes, je ressens ce besoin. Alors sans hésiter, je saisis ma carte bleue et je clique sur « PAYER ». Une force intérieure m'empêche de m'arrêter. Je choisis le paiement en plusieurs fois et tape les numéros de ma carte bancaire. Après avoir vu : « VOTRE INSCRIPTION EST BIEN PRIS EN COMPTE », je me dis : « *mais qu'est-ce que j'ai fait* » ? Malgré cette question, je me sens intérieurement soulagée comme déchargée d'un poids sans trop savoir pourquoi et sans regret. Mon aventure PNL, avec Paul Pyronnet, mon formateur, à la rencontre de mon être peut commencer.

4- L'aventure PNL

L'aventure PNL a commencé par un premier rendez-vous explicatif sur les cours. Je remarque que l'on est quand même assez nombreux, à peu près une trentaine. Nous sommes tous motivés et nous écoutons attentivement le formateur.

À cet instant-là, je ne savais pas encore à quel point, la PNL changerait ma vie. Paul explique de la même manière que lors de la webconférence. Il parle avec bienveillance et je sens en lui la passion de son métier même si cela fait des années qu'il le fait et qu'il explique les mêmes choses, il n'y a aucune impatience en lui, aucune expédition dans ses réponses même quand on lui pose des questions qu'il a déjà dû entendre des centaines voire des milliers de fois. Il me donne envie d'apprendre. Et, plus je l'écoute, plus cela fait sauter les réticences et les peurs que j'ai en moi. Je sens au plus profond de moi que je suis tombée sur un bon formateur. C'est mon intuition profonde.

Depuis que j'ai reçu mes codes d'accès, je suis les cours de la base PNL avec une assiduité dont je ne me saurai jamais cru capable pour une formation en ligne. Mais, d'un autre côté, c'est aussi parce que cette formation me parle, elle me touche profondément et pointe chez moi ce que je ne voulais pas forcément voir. Je me reconnais dans des exemples et je comprends mieux certains de mes comportements. Les vidéos parlent de l'objectif en cinq points, de la puissance mentale, des marques d'attention, des ancrages positifs et négatifs, de la communication, des états internes, des émotions. Chaque soir, avant de me coucher, je visionne une de ces vidéos, voire deux, en fonction de leurs longueurs ; certaines durent quelques minutes, d'autres deux heures. Le programme est assez long mais intéressant, au point de ne pas voir le temps passer, si ce n'est la fatigue qui me le rappelle. Je deviens accro à ces vidéos.

Les ateliers en ligne ont lieu deux à trois fois par semaine avec les coachs et ça, c'est top, car cela permet de poser des questions sur des process non compris. Je remarque qu'il y a une très bonne interaction dans le groupe. On est tous et toutes dans la bienveillance. Il n'y a pas de place pour le jugement car on comprend ce que l'autre ressent, soit pour l'avoir vécu soi-même, soit pour avoir eu un de nos proches qui l'a vécu. Et c'est là que je m'aperçois à quel point nous sommes dominés, téléguidés par nos émotions lorsqu'on ne sait pas les gérer. Je me rends compte de certaines de mes erreurs et me mets face à la réalité de certains de mes comportements. J'avais beau vouloir faire la forte en disant pour me rassurer que cela ne m'impacte pas, mais c'était tout le contraire.

Non, on n'est pas aussi fort qu'on le croit, on n'est pas aussi insensible qu'on le pense car on est tous des êtres humains avec des émotions. Et c'est cela qui fait notre particularité. On est soi avec nos forces et nos faiblesses et on se doit de l'accepter pour ne pas se culpabiliser ou être son propre bourreau en cas d'échec.

Au début, j'étais réticente à partager mes émotions les plus profondes, surtout à des inconnus. J'ai appris, au fur et à mesure de nos échanges à comprendre ce qui se passe en nous, à m'ouvrir à eux en leur confiant des événements intimes de ma vie, parfois même des choses que je croyais avoir complètement oubliées tant elles étaient enfouies au plus profond de moi. Au lieu de d'être jugée ou critiquée, je recevais de leur part des conseils qui me permettaient de voir le problème ou l'événement vécu sous un autre angle. Et, petit à petit, je prenais conscience que certaines choses m'affectaient encore aujourd'hui et m'emprisonnaient.

Puis, j'ai commencé à lâcher-prise. De toute façon, à quoi bon être en colère contre quelque chose qui fait partie désormais du passé ? À quoi bon perdre son temps et son énergie à le consacrer aux mauvaises personnes ? Quel est l'intérêt de passer son temps à regarder la porte fermée plutôt que de voir l'opportunité qui s'ouvre à nous ? À rien de positif. Juste à vivre dans le passé et voir le présent nous échapper. Au fur et à mesure de nos ateliers, de nos interactions, les amitiés ont commencé à se lier. Timidement, mais sûrement.

La PNL est un outil intéressant pour se connaître. Mais pour se connaître, il faut accepter de faire tomber ses masques. Il faut être honnête avec soi et non pas à « paraître » honnête. On a tous des blessures émotionnelles qui nous affectent, certaines plus que d'autres, mais tout le monde a des blessures. Et celui qui dit le contraire se ment à lui-même. Ces blessures font de nous la personne que nous sommes aujourd'hui, elles nous permettent d'avoir la sensibilité qu'on a, nous donne les forces et les faiblesses qui font de nous ce que nous sommes. Mais personne n'est parfait. La perfection n'existe pas. Si l'on était parfait, on ne vivrait pas ce qu'on vit aujourd'hui. Cela met en lumière ce qu'il nous faut acquérir pour s'améliorer afin d'évoluer. La PNL m'a permis de m'accepter telle que je suis, c'est-à-dire d'accepter que je suis humaine et donc que je suis amenée à faire des erreurs, comme tout le monde.

5- Notre corps, notre meilleur allié

Je viens de m'acheter le livre d'Anne Givaudan « *Et si la vie continuait* ». Un livre très parlant et qui me touche beaucoup. J'ai commencé à le lire le soir avant de m'endormir pour reposer mon mental et parler à mon âme. Cela me permet de laisser mon esprit voyager dans le pays de l'imagination. Et même si je suis sujette à des sciatiques ces derniers temps et à des douleurs au dos qui persistent, je prends sur moi. Je sais que l'extrême fatigue que je ressens que cela soit sur le plan physique et moral est pesante mais je me force à faire bonne figure. Je n'ai pas le temps d'aller chez le médecin, alors, je balaie d'un revers de main ce sentiment de fatigue constant.

L'ambiance devient de plus en plus tendue, on commence à parler de confinement, vrai, faux ? Je n'en sais rien mais cela me tracasse. Beaucoup de questions me traversent l'esprit m'empêchant de dormir quelques fois. Des questions qui m'empêchent de mettre mon cerveau au repos comme notamment : comment pourrai-je accompagner les personnes que je suis si l'on doit être confiné ? Comment pourrai-je leur apporter mon aide alors que la plupart d'entre eux n'ont pas internet ou ne sont pas forcément autonomes avec les outils numériques ? Et comme si cela ne suffisait pas, j'ai souvent des crampes au mollet droit quand je suis au repos, le soir, ou la nuit. Il serait plus raisonnable d'aller consulter mon médecin mais je remets cette démarche à plus tard. Et évidemment, ce n'est pas le moment d'aller le voir « juste » pour une crampe au mollet et une fatigue générale alors que l'on est en pleine crise COVID et que les médecins sont débordés par des cas plus graves. Entre les cas qui commencent à vraiment faire monter le chiffre de la contamination et les hypocondriaques, ils n'ont pas que cela à faire ! Oui, c'est cela. J'attendrai que la crise COVID passe pour aller le voir. Rien ne presse.

Et puis cela ne sert à rien de paniquer. Je ne suis d'ailleurs pas de nature à m'en faire pour rien, de toute façon. Moi, tant que je ne suis pas immobilisée au lit, c'est que cela va. J'essaie de prendre soin de mon corps en faisant du sport comme le tennis ou le volley. Et j'adore la marche. Je peux passer des heures et des heures à marcher avec de bonnes chaussures. Avec des talons, c'est un peu plus compliqué : j'admire les femmes qui arrivent à faire du shopping toute une journée sur des talons aiguilles de 10 cm ! J'essaie de tenir la ligne et parfois, j'avoue, il m'arrive de faire des régimes drastiques afin d'atteindre le poids que je me suis fixé comme objectif. Je ne focalise pas non plus sur mon poids, mais j'essaie de manger le plus possible équilibré. Je ne me prive plus de repas, je ne me fais plus vomir non plus, alors qu'avant, c'était courant. Et malgré ça, je me trouvais encore grosse. Le pire, cela a été après ma rupture avec Damien après cinq ans de vie commune. À l'époque, j'avais vingt-sept lorsque nous nous sommes séparés. Pendant près d'un an, je suis fait vomir en croyant qu'il m'avait quittée parce qu'il me trouvait trop grosse et, comme je voulais à tout prix le récupérer, je faisais tout pour perdre du poids, encore et encore... Au point où je suis tombée dans les pommes chez ma mère un samedi soir parce que je n'avais rien mangé depuis deux jours alors que je venais de terminer un régime de quinze jours en ne mangeant que des fruits. Qu'est-ce que j'ai pu être sotte quand même ! Tout ça pour le récupérer et, le pire, c'est que ça n'a même pas marché ! Mais j'avais une excuse. Je croyais que c'était lui, l'homme de ma vie. Cela a été la séparation la plus difficile de mon existence et je ne le souhaite à personne. Mon cœur a saigné pendant des mois et des mois pour qu'enfin, avec le temps, la douleur s'apaise et que je puisse passer à autre chose.

Aujourd'hui, quand je me regarde dans une glace, je m'accepte beaucoup plus qu'à l'époque. Bon, d'un autre côté, je n'ai pas non plus trop le choix. Car, que je m'accepte ou pas, je suis obligée de passer le restant de mes jours dans ce corps. Il est le mien et il fait partie de moi, de mon identité. Non pas que je ne l'aime pas, mais c'est comme ça, on a un corps pour la vie. On peut perdre ou prendre du poids mais on ne peut pas le changer.

Ce soir, avant de m'endormir, je décide de lire un peu. La lecture m'apaise et me rassure. Cela me rappelle quand j'étais petite, lorsque je devais avoir cinq ou six ans, et que ma mère me racontait des histoires au coucher. Aujourd'hui, en lisant l'histoire d'une jeune femme qui vient de mourir dans un accident de voiture, je sens les larmes monter et couler sans que je puisse les retenir. Je me rends compte que depuis que j'ai commencé la formation PNL, je ne fais que pleurer ! Je n'ai jamais autant pleuré de ma vie qu'en ce moment, au point même que cela me fait peur ! Est-ce normal de pleurer autant ? Plus je lis et plus je pleure, touchée, tant par l'écriture de cette autrice que par la vérité qui en ressort. Et elle a tout à fait raison. Je prends conscience d'un point essentiel : j'ai pris mon corps pour acquis. Mon corps est certes un véhicule qui me permet d'aller d'un point A à un point B, de ressentir et d'éprouver les sensations qui font que je me sens vivante mais ce que j'ai oublié c'est qu'il est d'abord et avant tout mon allié. Car, sans lui, je n'existe pas. Sans lui, je ne peux pas vivre ma vie terrestre à chaque seconde de ma vie sur cette terre. Et cela me fait l'effet d'un électrochoc. Car oui, je le reconnais, je l'ai oublié. J'ai oublié que mon corps est le premier à subir toutes les galères que je lui fais vivre directement ou indirectement. Et je prends conscience soudainement de tout le mal que je lui ai fait subir. Tous ces régimes drastiques, toutes ces privations, tout ça pour le « paraître ». Je l'ai laissé souffrir quand il criait famine comme un enfant qu'on laisse pleurer dans son berceau. Je l'ai jugé sévèrement quand il tombait malade alors que ce n'était pas le moment de m'absenter au travail alors qu'il voulait simplement me protéger, j'ai laissé les gens le critiquer parce que je ne rentrais pas dans les normes imposées par les magazines de beauté ; je ne l'ai pas protégé des tests que des personnes que je croyais à l'époque être mes amis me faisaient passer afin d'être acceptée dans leur groupe...

J'arrête ma lecture. De toute façon, il m'est impossible de la poursuivre tant je suis bouleversée par ma prise de conscience. Je me rends compte que j'ai martyrisé celui qui m'a toujours soutenu et qui me soutient encore. Mon corps. Lui qui est silencieux au point que je l'oublie presque alors qu'il est tout pour moi. Car, sans lui, je ne suis rien et, inversement, sans moi, il n'est rien. Je prends conscience que lui et moi, nous sommes une équipe et que nous sommes inséparables sur cette terre. Je décide pour la toute première fois de ma vie de parler à mon corps, comme une personne parlerait à son meilleur ami. Alors j'utilise la prière Hawaïenne HO'OPONOPONO de Morrnah Simeona : *je suis désolée mon corps pour tout le mal que je t'ai fait. Pardonne-moi, s'il te plaît, pour tout le mal que je t'ai fait subir volontairement ou involontairement. Merci de m'avoir soutenu depuis ma naissance et de continuer à me soutenir car, sans toi, je ne suis rien. Je t'aime du fond de mon cœur et je te promets désormais de t'écouter et de prendre en compte tes besoins et tes envies afin que tu sois heureux avec moi car, toi et moi, nous ne faisons qu'un.*

Après avoir fait la paix avec mon corps et avoir évacué le trop-plein d'émotions, je m'endors, légère, d'un sommeil profond et réparateur.

6- Les kilos émotionnels

Qu'est-ce que vous faites quand vous êtes stressé ? Quand vous êtes énervé ? Quand vous êtes anxieux ? Quand vous vous ennuyez ? Comme le dit si bien le Dr. Stéphane Clerget dans son livre *Les kilos émotionnels, comment s'en libérer* ? En général, quand on est dans l'un de ces états, l'on a tendance à vouloir manger sans ressentir les signaux de faim car l'on trouve du réconfort (à tort) dans la nourriture parce que cela compense, par exemple, un manque de confiance en soi, un vide intérieur, un besoin de reconnaissance ou un mal-être que l'on éprouve. Il appelle cela des « *aliments doudou* ». Ce réconfort à court terme impacte à moyen et long terme notre corps et notre santé car ces pulsions nous poussent, en général, vers des aliments trop gras ou trop sucrés.

Avez-vous remarqué que, quand tout va bien dans notre vie, l'on a tendance à savoir se contrôler et à être « raisonnable » sur les aliments que l'on mange ? Mais sinon quand cela ne va pas, pourquoi se réconforter par la nourriture ? Parce que l'aliment de réconfort est, soit lié à notre enfance, soit rattaché à des émotions positives ou des souvenirs heureux.

Comment arrêter ces « kilos émotionnels » qui, au final, nous desservent sur le long terme ? Déjà, la première chose et de prendre conscience de ses kilos émotionnels. Prendre conscience que l'on a le réflexe de manger quand on éprouve une émotion négative. Ensuite, il faut gérer ses émotions, c'est-à-dire les accueillir, les accepter sans les juger, comprendre ce qu'elles veulent nous dire car, généralement, lorsqu'il y a une émotion, notamment négative, c'est parce que derrière, il y a un besoin ou un manque.

Pour avoir fait des régimes à répétition de toutes sortes : drainage, homéopathie, naturel, médicamenteux et j'en passe ! J'ai remarqué que lorsque l'on a faim, surtout lorsque le désir de grignoter nous prend, il faut se poser la question de savoir si l'on a *réellement* faim ou si cela n'est que de la gourmandise ? Personnellement combien de fois, après avoir grignoté me suis-je dit : *je n'aurai jamais dû manger ça !* ou encore *mais pourquoi j'ai encore craqué ?* Et c'était parti pour un tour de culpabilité et, comme je m'en voulais, j'en arrivais, à la fin, par me dire *et puis merde !* Parfois, un verre d'eau suffit à combler cette envie de grignoter ; si, si ! J'ai essayé, je vous assure, ça marche, en tout cas pour moi.

7 - La méditation

Je me réveille avec l'envie de prendre soin de moi. Et pour cela, je commence par m'occuper de mes douleurs. Je prends donc rendez-vous avec mon médecin et tant pis pour le COVID. Je vais ensuite dans un magasin de sport et je m'achète un tapis de yoga pour essayer, au moins, de calmer mes douleurs de dos qui me font atrocement souffrir.

Je n'ai jamais fait de yoga de ma vie mais j'ai la ferme intention d'en faire désormais. J'espère que je tiendrai sur le long terme et que je ne ferai pas comme avec l'appareil d'abdos que je m'étais acheté : il ne sert finalement qu'à décorer mon placard ou encore le vélo d'appartement qui se retrouve mis en vente sur un site en ligne... Bon, pour le prix de ce nouvel accessoire, cela vaut quand même le coup d'essayer. Et c'est donc motivée que je me retrouve à la caisse du magasin avec le tapis de yoga en main.

Je suis contente de mon achat car, ce soir-là, j'apprends via mon fil d'actualité Facebook (oui, pour me protéger de la psychose collective, j'ai arrêté de regarder le journal télévisé) que le président Macron a décidé de nous confiner. Mais, cette nouvelle, au lieu de me soulager de ne plus prendre les transports pour aller travailler, me fait paniquer. De ne pas pouvoir aller travailler, je me sens privée de ma liberté de sortir alors que je n'ai commis aucun crime ! Et voilà que mon cerveau commence à carburer à toute allure. On dirait qu'il fait du rallye sur l'autoroute à 180 km/h. Je n'en peux plus. Je veux qu'il se taise mais impossible ! Alors, pour le faire taire, je décide de méditer ou, en tout cas, d'essayer car, ça aussi, c'est tout nouveau pour moi. Mais j'ai tellement entendu parler des bienfaits de la méditation que je me dis que c'est le bon moment pour l'essayer et la mettre en pratique. Ne dit-on pas que méditer permet de ralentir les activités du cerveau ? Et puis, si les autres y arrivent, pourquoi pas moi ?

Pleine d'espoir, je mets de la musique douce en bruit de fond et m'assois confortablement à terre. Je plie les jambes en tailleur comme dans les vidéos et je ferme les yeux. Je ne sais pas si cela est dû à la fatigue car une fois les yeux fermés, ils me piquent. Alors, je les ouvre légèrement et je les referme avec l'espoir que cette fois-ci est la bonne. Mais j'ai beau fermer les yeux, rien ne vient. Mais je m'attendais à quoi au juste ? Tout ce qu'on disait dans les livres ou les vidéos explicatives : le bien-être, le contact avec son être, la paix intérieure, tout cela, c'est où ? J'ai beau fermer les yeux, rien ne se passe. Je les ouvre, je les ferme, rien ! Je décide de prendre une profonde et longue inspiration puis d'expirer, histoire de calmer un peu les battements de mon cœur et d'apaiser mon mental mais il n'y a que le silence et cela m'ennuie. C'est donc ça, la méditation ! ? J'ai l'impression que cela fait longtemps que mes yeux sont fermés et, pourtant, quand je les rouvre, il s'est écoulé à peine quelques secondes. *Allez Jess ! Relaxe-toi,* conseille ma petite voix pour me motiver à continuer. *Voilà c'est bien, continue comme ça !* Alors, je l'écoute et je commence à inspirer et à expirer tout doucement en prenant conscience du gonflement de ma poitrine quand je prends l'air et des battements de cœur. *Allez encore quelques minutes !* Je me concentre pour écouter mon corps. *Mais tu te rends compte que vous êtes confinés ? Comment vas-tu faire ? En plus, il faut que tu ailles faire des courses, et si les supermarchés sont, eux aussi, fermés comment vas-tu pouvoir faire tes courses ?*

Inspire et expire, me redit la petite voix que j'essaie de suivre tant bien que mal. *Tu as besoin de lait, de pâtes, d'œufs. Et n'oublie pas, tu n'as presque plus de lessive. Ah ! oui c'est vrai, je n'ai plus de lessive !* Mince, je sens que je commence à céder et je me force à me concentrer de nouveau.

Oui, et tu n'as plus de café. Merde le café ! J'en ai besoin en plus pour demain ! C'est plus fort que moi. J'ouvre les yeux. Échec et mat. Mon aventure méditation s'arrête là ! La liste des courses a pris une telle importance qu'elle a gâché ma séance de méditation. Mais comment une liste de course prend-elle toute la place, au point de m'empêcher de méditer ? *Ressaisis-toi, tu vas y arriver !*

Tu parles ! J'ai beau m'efforcer de continuer, j'ai beau fermer les yeux, des idées plus farfelues les unes que les autres me paraissent plus intéressantes que d'écouter juste le silence. Alors, dépitée, je mets fin à la séance et me lève pour regarder la télé. Je sais qu'en faisant cela, le cerveau a eu gain de cause. Je l'ai écouté au lieu de m'écouter. Sur ce coup-ci, il a su déjouer mon attention. Mais comment donc font les gens pour méditer pendant plusieurs minutes voire plusieurs heures ?

8 - Le yoga

Deux jours après l'annonce du président, ce que je redoutais tant est arrivé : l'employeur nous a tous mis en télétravail en priorisant les entretiens téléphoniques. En soi, c'est une bonne chose de travailler de chez soi, même si cela est perturbant les premiers jours car à situation exceptionnelle correspond un travail exceptionnel et, surtout, démerde-toi pour te connecter au réseau à distance. Plus les gens que j'accompagne en tant qu'assistante sociale étaient anxieux à cause de la situation et plus je me sentais démunie et frustrée de ne pouvoir malheureusement rien faire pour essayer de les réconforter en calmant leurs peurs qu'ils me communiquaient malgré eux. Cette situation nous dépassait tous et bien que je savais que l'on devait faire avec, j'avais envie de hurler que l'on n'y était pour rien et que ce n'était pas juste de subir cela. Juste. Ce mot me saute aux yeux car cela parle de justice. Tiens ! Une des valeurs importantes à mes yeux.

Après ma première semaine de confinement et donc de télétravail obligatoire et après le flop de ma tentative de méditation, je décide de tenter ma chance avec le yoga espérant que cela va soulager mon mal de dos. J'ai besoin d'évacuer mon stress, la frustration que je ressens et j'ai envie de laisser parler mes émotions. J'ai besoin de prendre soin de moi et d'oublier, ne serait-ce que quelques minutes, la situation actuelle. Non pas que je prenne mal le confinement mais simplement parce que j'ai envie de m'écouter. Écouter ce que j'ai envie de faire pour la première fois de ma vie. Alors, je sors mon tapis de yoga tout neuf de couleur corail qui est assorti à ma tenue. Il est tout fin, 4 mm, je crois. Je rajoute une serviette pour pouvoir adoucir la dureté du sol. Une fois prête, je lance la vidéo d'une application que j'ai prise pour suivre le cours débutant en yoga.

Je suis à la lettre les instructions. J'inspire profondément, je lève les mains le plus haut possible au-dessus de ma tête. Je les rabaisse et ensuite je me penche sur le côté droit et je me rends compte que je commence à avoir mal, je sens que ça tire. Je me remets droite et je me penche cette fois-ci sur le côté gauche. Et pareil, même douleur. Je me mets ensuite à quatre pattes sur le tapis et prends la position du chat. Lorsque je remets le dos droit, je sens qu'il craque et que cela fait du bien. Je rentre ensuite ma tête en tournant le cou afin de faire travailler les cervicales. Qu'est-ce que ça fait du bien ! Ensuite, la vidéo me propose – enfin – de me mettre sur le dos. Je commence tout doucement à m'allonger et au fur et à mesure que mon dos touche le tapis, je sens une telle douleur qu'elle me coupe le souffle. Une fois le dos totalement allongé, je reste là plusieurs minutes, impossible de faire le moindre mouvement tant je savoure ce contact avec le sol. Je ne suis plus la vidéo qui devient à mon avis trop rapide pour moi. J'écoute mon corps qui me parle et qui me dit qu'il a mal. Je ressens toutes les tensions que j'ai laissées s'accumuler car j'avais dédramatisé encore une fois la douleur qui s'exprimait. Mon corps a mal et il me le fait savoir. Alors, je l'écoute et bien que je sois en séance de yoga, j'ai les larmes qui me montent aux yeux parce que je me rends compte à quel point je ne l'ai pas écouté. Je l'ai ignoré quand il me parlait en me disant que c'était le fruit de mon mental. Alors que lui répondait présent à mes besoins et était au petit soin, en étant là pour moi, moi, je faisais partie des abonnés absents. Alors, je lui redis ma reconnaissance et reconnais mes erreurs en récitant à nouveau la prière de Morrnah Simeona : *Pardonne-moi, s'il te plaît, pour tout le mal que je t'ai fait volontairement ou involontairement. Merci de m'avoir soutenu depuis ma naissance et de continuer à me soutenir car, sans toi, je ne suis rien. Je t'aime du fond de mon cœur et je te promets désormais de t'écouter et de prendre en compte de tes besoins et de tes envies afin que tu sois heureux avec moi car toi et moi, on ne fait qu'un.*

Allongée sur le tapis, je ferme lentement les yeux et je savoure l'instant présent. Je savoure la sensation de mon dos en contact du sol dur qui me permet de soulager mes maux et j'écoute mon corps qui me parle. J'inspire et j'expire profondément en goûtant ce moment ou ma poitrine se gonfle pour prendre l'air et se rabaisse au moment de l'expiration. Je prends conscience de cela alors que l'on a pour habitude de respirer machinalement. Je remarque que le fait d'être allongée en faisant l'exercice sur la respiration permet à mon cerveau de passer en mode alpha et à mes pensées de se ralentir. Et cela fait du bien car mes neurones ne sont plus en surchauffe et que je commence à lâcher-prise. Je suis là, présente, à savourer le fait d'être allongée par terre. Ce n'est qu'à ce moment-là que je me rends compte à quel point le cerveau cogite du réveil au coucher et encore ! Combien de fois me suis-je réveillée en sursaut à me faire la liste des tâches prioritaires à faire pour le lendemain au risque d'avoir des erreurs sur mes dossiers et de provoquer des mécontentements et des colères ! Et je suis sûre ne pas être la seule à avoir vécu cela au moins une fois.

Je ne peux plus continuer le cours. Je me sens vidée mais légère. Je me lève et je sens que les douleurs ne sont plus là. Je suis contente de pouvoir faire des mouvements sans ressentir de douleurs ou d'être arrêtée brusquement dans mon élan afin de reprendre ma respiration ou d'attendre que le mal s'en aille. Tandis que je range mon tapis, je me fais la promesse de faire au moins deux à trois fois par semaine du yoga voire plus, en fonction de mon besoin. Pourquoi s'en priver si cela peut apaiser mes maux et m'éviter d'aggraver mon état de santé et surtout de m'aider à ne pas dépendre de médicaments alors qu'il existe un remède naturel plus efficace.

9 - Se pardonner

Depuis que j'ai commencé la PNL, je remarque des changements en moi. Au départ, c'était des micro-changements visibles pour moi mais impossible de le voir à l'extérieur et puis, tout doucement, cela devenait visible pour les autres. La PNL me permet d'être moi car, plus je me découvre et prends conscience de mes besoins et de mes ressentis, et plus je me permets de m'exprimer, de donner mon opinion même si celle-ci est à l'opposé de mon interlocuteur, alors qu'avant, je n'osais m'affirmer : par exemple, je disais oui quand je pensais non. En devenant moi-même, mon comportement envers les gens, envers la vie et envers moi changeait. Je portais désormais un regard neuf sur certaines situations.

La PNL n'a pas la réponse à tout. Mais elle permet de faire le grand nettoyage, de dépoussiérer tout ce que l'on a accumulé et fait taire pendant toutes ces années voire depuis notre naissance afin de se faire aimer et accepter par les autres. Et quand le ménage se fait, un autre travail commence. Car une fois que l'on effectue le nettoyage et que l'on prend les commandes, comment faire pour ne plus se faire usurper *notre identité* par l'imposteur ? Je lis de plus en plus de livres sur le développement personnel avec la motivation de ne plus retomber dans les travers de l'imposteur. Je continue à apprendre à me connaître afin de pouvoir continuer le travail si bien entamé. Parce que je sais qu'il y a d'autres choses à travailler que la PNL ne peut pas régler.

Puisque la méditation n'a pas marché, je décide de faire de l'autohypnose : car c'est lorsque l'on veut le silence que le cerveau, au contraire, décide de parler pour ne rien dire. J'ai besoin de mettre mes neurones au vert, j'ai besoin de silence. Je suis désormais à la recherche du calme intérieur. Tandis qu'avant, je fuyais par tous les moyens ce silence, je le recherche désormais ardemment. Mais le problème est que, dès que je retrouve ce silence, je me retrouve face à un gros obstacle. Je sais qu'inconsciemment je fais barrage sans trop savoir pourquoi. Il y a quelque chose que je ne veux pas ressentir. Je le fuis. Je *me* fuis. Car je me retrouve encore face à ce vide intérieur. Mais pourquoi ? Que veut-il me dire ? Pour aller plus loin dans ma propre guérison, je ne dois pas faire les choses à moitié. Je comprends que je dois prendre mon courage à deux mains et l'écouter, *m'écouter*. Mais c'est difficile. Je me demande même si ce n'est pas pour cela que la méditation n'a pas fonctionné avec moi ? Parce que dès que le problème commence à faire surface, je réagis comme tout adulte qui ne veut pas voir la réalité en face : je prends la fuite.

Un soir, je n'arrivais pas à dormir alors que j'étais fatiguée intellectuellement mais pas physiquement, les contraintes du confinement m'empêchaient de me dépenser. J'avais donc la pêche le soir, à l'heure d'aller me coucher, plutôt que de sombrer dans un sommeil profond comme avant après une journée de travail, je décidais de lancer un podcast sur le thème de « s'endormir » d'une application d'hypnose que j'avais téléchargé gratuitement sur *Googleplay*. C'est le sophrologue que je suis qui m'a initiée à la relaxation et à l'autohypnose. La voix de la personne est reposante et rassurante, la musique en bruit de fond me transporte aussitôt. J'aime beaucoup. C'est comme si elle parlait à mon âme. Tandis que je l'écoute, allongée, je sens mes muscles se relâcher et je commence à me détendre. Ma respiration devient lente et régulière. Je ne pense plus. Je suis ici et ailleurs et ça fait du bien. J'entends toujours la voix de la personne qui parle mais je ne comprends plus ce qu'elle dit. Cela n'a pas d'importance d'ailleurs. Je suis juste bercée, mes yeux se ferment encore plus profondément derrière mes paupières déjà closes et la musique de fond est juste géniale.

Je ne sais pas si je suis en train de dormir, de rêver ou si c'est mon imagination qui me joue un tour. Mais je me vois : la femme d'aujourd'hui, dans mon corps d'aujourd'hui : j'apparais dans la chambre que je reconnais si bien. C'est ma chambre d'adolescente que j'ai occupée jusqu'au début de ma vie de jeune femme. Et je me vois, adolescente de quinze ans, allongée sur mon lit en train de lire. Alors le « moi, adolescente de quinze ans », en me voyant, sursaute car je ne suis pas entrée par la porte qui fait face au lit. Elle se lève et on se regarde toutes les deux dans un silence que je ne sais pas décrire. C'est perturbant de voir les « *deux Moi* ». Le Moi d'aujourd'hui avec le Moi d'hier. On se fait face toutes les deux et pendant des secondes qui me paraissent des heures, je me vois. Nous sommes-là debout et je ressens beaucoup d'émotions. Je ressens *ses* émotions. *Qui es-tu ?* me demande-t-elle. *Je suis toi, Jess avec vingt ans de plus.* Puis le silence. Qu'est-ce qu'on a changé physiquement toutes les deux ! Elle me paraît sur la réserve et je la comprends. Qui ne le serait pas ? Voir son Soi futur est très déstabilisant. *Qu'est-ce que tu me veux ?*

Au lieu de répondre à la question qu'elle vient de me poser, je m'approche d'elle et je la prends dans mes bras. Elle ne réagit pas pendant une seconde, puis, à son tour, elle me serre contre elle. Et je sens nos deux cœurs battre à l'unisson. Nous nous entrelaçons ainsi en pleurant toutes les deux et je m'entends lui murmurer : *Je suis désolée de ne pas t'avoir écoutée. Je te demande pardon Jess pour le mal que je t'ai fait.* On se serre encore plus fort dans les bras et on pleure toutes les deux. On pleure de joie car on vient de faire la paix. Elle me pardonne de ne pas l'avoir écoutée et je me pardonne d'avoir accepté de m'être fait souffrir involontairement. Le Moi d'avant et le Moi d'aujourd'hui ne font désormais qu'un. *Je t'aime,* lui murmurai-je à l'oreille. *Je t'aime aussi Jess.*

L'image se floute et je reviens à aujourd'hui, allongée sur mon lit, le podcast encore en train de fonctionner. J'ouvre lentement les yeux mais impossible de faire le moindre mouvement. Je prends conscience que je pleure vraiment. Je pleure comme un enfant, je *suis* un enfant. C'est *mon enfant intérieur* qui pleure de joie d'être enfin entendu. Je me sens épuisée mais heureuse de cette « rencontre ». J'ai découvert qu'inconsciemment, je m'étais arrêtée de vivre depuis l'âge de quinze ans en me coupant de mes émotions pour faire ce que les gens attendaient de moi : être une adulte. Je me souviens que, suite à un choc émotionnel, je m'étais promis de ne plus m'attacher à quelqu'un afin de ne plus souffrir jusqu'au jour où Damien est entré dans ma vie comme *le* sauveur que j'attendais en croyant qu'il allait combler le vide que j'avais en moi...

Ça y est, j'ai fait la paix avec moi-même et ça fait du bien !

10 - Le confinement et ses emmerdes

Ah ! les joies du confinement ! Qu'est-ce que j'aime me lever une heure avant le début de ma journée : oui, je sais, c'est nul, surtout quand il n'y a plus de transport à prendre ! Mais j'ai mon petit plaisir du matin : celui d'ouvrir la fenêtre et d'entendre ce silence que la nature offre même en plein Paris, un jour de semaine, alors que d'habitude dès cinq heures du matin, le bruit des véhicules se faisait déjà entendre. Quel plaisir d'entendre les chants des oiseaux plutôt que le bruit des klaxons de conducteurs impatients ! La nature nous offre une pause dans le temps. Le chant des oiseaux me réconforte et m'apaise, la brise matinale me booste pour la journée, mes pensées sont encore endormies et seul compte le présent.

Cela me fait drôle de voir Paris au ralenti. À part la queue de trois kilomètres devant les supermarchés, les gens qui se tapent dessus pour avoir le dernier paquet de pâtes, on se croirait dans un village paisible de province. Il n'y avait plus ce stress que j'ai toujours connu propre à l'île de France. Ce confinement m'a montré le merveilleux côté de l'Être humain. Sa meilleure facette. Jamais de ma vie je n'ai vu autant d'entraide, de solidarité et de considération pour chaque être humain, peu importe son milieu social. On ne forme qu'un. Chacun de son côté apporte sa contribution et, pour la première fois depuis ma naissance, je vois beaucoup d'humanité. Les applaudissements aux infirmières me donnent la chair de poule, la considération pour les caissiers et caissières, malheureusement, il a fallu le COVID pour ça, pour fait prendre conscience que tout le monde à un rôle important. C'est tellement beau de voir cet amour que l'on a les uns pour les autres mais c'est tellement dommage qu'il ait fallu cet événement tragique pour le vivre. On est – enfin – unis.

Malheureusement, pendant le confinement, tout n'est pas rose non plus. Je ne parle pas des choses tragiques (c'est une catastrophe planétaire) mais je parle de la vie quotidienne. Certes, le problème des transports n'existe plus mais il y a, pendant cet épisode, un aspect encore plus compliqué à supporter que la galère des transports : les voisins.

Ah ! Les voisins... Il faut les supporter et ça, c'est une autre paire de manches. Entre ceux qui ne respectent pas les horaires, prêts à faire la fête à toute heure du jour et de la nuit parce qu'ils sont au chômage partiel ou ne travaille pas du tout et ceux qui laissent courir leurs enfants jusqu'à pas d'heures... Il y a des moments où j'avoue que museler mon voisin ou clouer son fils au lit à 23 heures parce que celui-ci avait décidé qu'au lieu de dormir c'était l'heure de faire une partie de foot dans un appartement de 40 m2 m'a traversé l'esprit plus d'une fois. Comment dire... Le savoir-vivre ne fait pas partie du vocabulaire de certaines personnes...

Combien de fois suis-je allée voir le voisin du dessus à parfois minuit avec l'envie de lui en coller une pour lui faire comprendre que ce n'est pas l'heure de jouer mais plutôt que son fils fasse quelque chose de... Disons moins bruyant... À tous les promoteurs immobiliers qui, je l'espère, me liront : s'il vous plaît, faites des appartements avec des murs super-isolants phoniquement pour la paix des habitants de ces immeubles.

Je ne remercierai jamais assez la PNL de m'avoir appris la communication non-violente parce qu'elle m'a été d'une utilité incroyable. Elle m'a permis de me contrôler et de faire des compromis positifs afin que chacun y trouve son compte. Je dois quand même avouer que la communication non-violente n'est pas facile à pratiquer dans la vie de tous les jours et je dis bravo à ceux et celles qui réussissent à le faire. C'est juste dommage que cela ne soit pas enseigné dès la maternelle aux enfants, je suis certaine que cela éviterait beaucoup de cris, de haine ou encore d'agressions physiques. Il y aurait tellement moins de guerres en communauté et plus de paix !

11 - Les émotions

Plus les jours passaient et plus la vie à la maison était difficile. Entre les voisins insupportables, l'isolation de mon appartement parisien est tellement légère que l'on entend tout, et la difficulté à être chez soi 24 heures sur 24 et 7 jours sur 7, j'avais de plus en plus du mal à supporter.

Hormis pour faire les courses où me balader pendant mon heure de liberté (comme une prisonnière !) je ne voyais personne et cela devenait pesant. Le manque de contacts avec les humains se faisait sentir de plus en plus et puis, Oh là là ! le masque ! Non pas que je sois contre et ce n'est pas la question mais la vue du masque m'était insupportable. Quelle tristesse de se voir les uns et les autres avec le visage masqué. Plus moyen de voir les expressions, le sourire chaleureux des gens ou encore la colère que l'on pouvait deviner par la crispation de la mâchoire... Ses expressions qui font de nous notre particularité : nous sommes des « *êtres* » humains et non des « *fers* » humains. J'avais maintenant tendance à nous comparer à des robots démunis de toutes expressions. Cette tristesse et ce manque d'humanité se faisaient ressentir même dans la plus fine particule de l'air au point qu'il suffisait d'un rien pour que les gens s'énervent ou se regardent avec méfiance.

Qu'est-ce que j'aimerais que tout redevienne comme avant ! Qu'est-ce que j'aimerais pouvoir me balader dans la rue et pouvoir respirer librement sans avoir peur de manger une glace au risque de prendre une prune. Même l'air était devenu payant ! Est-ce qu'un jour l'on verra la fin de ce mauvais épisode ? Est-ce qu'un jour, l'on serait libre de pouvoir se balader, faire la fête, profiter de la vie tout simplement sans contrainte et avec notre insouciance et notre liberté d'antan ? Est-ce que l'on pourra désormais serrer un être cher sans avoir peur de lui refiler le COVID ou encore manger avec des amis sans que l'on nous rabâche les oreilles avec la distance de sécurité ? Notre vie redeviendra-t-elle un jour « normale » ?

Heureusement que les échanges que j'ai en ligne lors des ateliers avec mon groupe PNL me permettent d'atténuer ma solitude et d'accueillir mes émotions ! Surtout, pour moi, la colère de se voir imposer des choses et la frustration de voir que, malgré nos efforts, l'on est toujours au même stade de la catastrophe planétaire. Au début, ce n'était pas facile d'accepter car ce virus n'est pas de mon fait. J'en voulais à la terre entière de me voir prisonnière pour un virus que je n'ai pas fabriqué, que personne n'a fabriqué. Petit à petit, j'ai commencé à accepter ces émotions négatives qui impactent mon moral au point de faire yoyo : colère, calme, frustration, acception...

Au lieu de partir au quart de tour comme habituellement, j'ai laissé l'émotion venir, je l'ai laissé s'exprimer car derrière une colère il y a toujours un motif. Et toute émotion est un moyen de défense que le corps trouve pour évacuer le trop-plein. C'est vrai que c'est désagréable de la ressentir, en plus le cœur pompe plus car il bat plus vite et que le visage se ferme pour montrer son mécontentement mais le fait de reconnaître qu'elle est là, de l'écouter en toute bienveillance et sans la juger, permet qu'elle s'en aille et ne revienne pas avec plus de violence. Lorsqu'une émotion se sait entendue et comprise sans être jugée, alors, elle se sent considérée, prend le temps de nous dire ce qui ne va pas et s'en va, tout simplement. Et cela facilite le dialogue entre nous.

Pourquoi ? Que fera-t-elle si elle se sent étouffée ? Elle va se taire pendant un moment, puis elle reviendra. Et si elle revient et qu'elle n'est toujours pas écoutée que se passera-t-il ? Elle va se taire à nouveau avant de revenir au moment où l'on ne s'attend pas du tout à la voir renaître. Même un simple « non » peut la réactiver, elle reviendra avec encore plus de force sans nous demander notre avis. Une émotion, une fois qu'elle est là, de toute façon, il faut qu'elle sorte, qu'on le veuille ou non.

Comment réagiriez-vous si vous appeliez la hotline de votre opérateur téléphonique parce que vous n'avez plus d'internet et que celui-ci vous informe qu'ils sont en travaux et que cela sera réglé le lendemain. Mais le lendemain soir, le problème persistant toujours, vous les rappeler et l'on vous dit finalement que ce sera le surlendemain. Bref, vous voyez le truc ! On vous envoie balader ainsi cinq, six fois ? À la septième fois, je suis sûre que la personne au téléphone n'aura même pas encore placé un mot que vous lui hurlerez dessus. Refoulez une émotion négative réagira de la même manière. Ignorée plusieurs fois, elle reviendra avec une telle force que ce n'est que lorsqu'elle sera sortie : soit vous aurez hurlé en disant des mots blessants, soit vous aurez été injurieux voire pire, violent physiquement. Vous vous rendrez compte alors de la bêtise que vous avez commise et vous allez vous dire « ça a été plus fort que moi » ou encore « je ne sais pas ce qui m'a pris ».

L'émotion négative est comme un bébé qui pleure et qui réclame de l'attention. Elle veut juste être entendue et considérée. Elle n'est pas là pour nous emmerder, mais pour nous faire comprendre que quelque chose ne va pas. Soit parce que l'on vit quelque chose que l'on considère comme une injustice soit qu'une de nos valeurs est touchée. Être à l'écoute de soi permet de mieux se comprendre et de se connaître. Ignoré ce que l'on ressent c'est comme si cela n'avait pas d'importance pour nous.

12 - Le COVID, la prise de conscience

Le 11 mai tant attendu est enfin arrivé. Nous sommes libérés, délivrés, même si je n'aime pas spécialement cette chanson, elle est tellement vraie pour nous en ce moment ! La première fois depuis près de deux mois que je sors sans la fameuse attestation de déplacement !

Je sors de mon immeuble et commence à me diriger vers le métro pour me rendre au boulot et là, j'entends du bruit de moteurs, de klaxons. Et cela me surprend. À vrai dire, après deux mois à marcher dans les rues de Paris avec pour seul bruit de fond les chants d'oiseaux au point de se croire en campagne, le fait d'entendre de nouveau tout ce capharnaüm est déstabilisant. Le premier regret que j'ai eu au déconfinement, c'est perdre ce silence apaisant. C'était reparti. Ça faisait du bien de voir les collègues même si tous n'étaient pas présents (on continuait le roulement télétravail) mais c'était rassurant ce côté de « semblant de vie normal ». Même si l'ambiance n'était pas forcément au rendez-vous et que cela faisait bizarre de se retrouver face à l'ordinateur que je n'avais pas allumé depuis des mois, c'était un plaisir d'être au travail.

Ce soir-là en rentrant du travail, bien que beaucoup continuaient le télétravail et qu'il n'y avait pas encore la même affluence sur la ligne de métro que je prenais, je me suis amusée à regarder les personnes qui partageaient les places avec moi au lieu d'avoir le nez dans un bouquin et je me suis rendu compte à quel point l'on était triste et que le masque n'arrangeait pas les choses. À peine c'était la reprise que le quotidien métro-boulot-dodo reprenait son rythme. Non, ce n'est pas ça « vivre ». Tous les jours se ressemblaient et le week-end n'échappait à la règle. Je pris conscience là, dans ce métro de la ligne 1, que je ne vivais pas ma vie mais que je passais ma vie à vivre une routine qui ne me convient plus désormais. Non, je ne veux pas de cette vie. Je prends conscience que la vie parisienne n'est plus en adéquation avec mes besoins. Tandis que je marchais pour prendre la correspondance qui me ramènerait chez moi, je voyais les gens courir de tous les côtés et qui avaient déjà envoyé balader les 1 mètre de distance de sécurité depuis l'intérieur du métro.

Plus les gens couraient, plus ils me donnaient le tournis car je n'étais plus habituée à tout ce brouhaha. Certains parlaient fort tandis que d'autres se bousculaient ou se frayaient un chemin entre les gens pour gagner cinq secondes : les talons aiguilles claquaient sur le sol, le haut-parleur sifflait dans les oreilles pour informer des incidents sur les lignes impactées par la station. Tout ce brouhaha m'est insupportable. Comment ai-je pu supporter tout cela pendant des années ? Je me rends compte que, non, je peux plus supporter ça. Le COVID m'a ouvert les yeux et m'a permis de voir que ce n'est pas cela que je veux vivre désormais. Je veux avoir du temps à moi et non plus courir derrière ce temps à passer deux heures par jour dans les transports et à ne plus être stressée, accrochée à la montre pour ne pas être en retard.

Je ne sais pas pourquoi mais ce soir-là, debout sur

le quai, tandis que le métro entrait en gare, je pris la décision de déménager. Et, à l'instant où cette décision m'est apparue comme une évidence, je ressentis la chair de poule sur ma peau. Je savais que c'était la bonne décision. Pourquoi ? Alors qu'habituellement je prends beaucoup de temps pour me décider avant de franchir le pas ? Déménager est la chose évidente que je dois faire pour m'apporter calme et sérénité, me donner une meilleure qualité de vie et surtout pour être en accord avec mes valeurs. Et Paris n'arrive plus à combler mon besoin de sérénité. Il est temps pour moi de passer à une autre étape importante de ma vie et celle-ci passe par le changement de région. Comment ? Soit demander une mutation en province soit tout plaquer et tout repartir de zéro. Oui, au fond de moi, je sais que je suis prête pour un nouveau départ.

J'ai fait le ménage et dépoussiéré mon intérieur qui accumulait depuis des années voire depuis ma naissance des couches et des couches de choses, de croyances et avec une vie dictée par le « *sois gentille/ fait plaisir* » ; alors, du coup, pour faire plaisir aux autres et en voulant être une gentille « fifille », je faisais ce que les autres attendaient de moi au point de m'oublier moi-même. Et maintenant que je me suis reconnectée enfin à mon être, pour prendre le temps de m'écouter, je sais désormais ce que je veux dans ma vie. L'heure est venue d'être maîtresse de ma vie, de reprendre la responsabilité de mes choix et mes décisions.

Je sais que cela demande de prendre de nouvelles habitudes quitte à ne plus plaire aux gens. Tant pis pour ceux qui ne feront plus partie de ma vie, cela voudrait juste dire que le moment est venu pour que nos chemins se séparent et que chacun prenne sa route.

C'est dingue comment un déclic venu de nulle part, peut venir à n'importe quel moment de la journée et surtout n'importe où. Cette décision si importante et qui va impacter tous les autres domaines de ma vie vient d'être prise en une seconde sur un lieu que jamais je n'aurai imaginé être au moment de la prendre... Comme quoi, il n'y a jamais de bon moment ou de bon endroit. Il y a juste l'intuition. Et cette intuition c'est « cette petite voix », qui nous parle et nous dit des choses que l'on croit impossible à réaliser, elle sait mieux que nous-même ce qui est bon pour nous.

Apprendre à s'écouter et à s'entendre est la meilleure chose que l'on peut faire pour savoir ce que l'on veut car généralement l'on sait ce que l'on ne veut pas. Pourquoi ces deux verbes « entendre et écouter » alors qu'ils disent la même chose mais différemment ? On entend de façon passive une information, une idée, mais écouter apporte la volonté. On est acteur c'est-à-dire que l'on est attentif à ce que l'on entend. Par exemple, on peut entendre deux personnes qui discutent *sans* accorder de l'importance à ce qu'elles disent du tout ou l'on peut écouter deux personnes qui discutent *et* être attentif à ce qu'elles disent.

13 - La peur de l'inconnu

Maintenant que j'ai pris la décision de changer de décision, le plus dur reste à faire. Franchir le pas. Et ça, c'est une autre paire de manches. Ce n'est pas que je ne veux plus quitter la région parisienne. Non, au contraire, cette envie est toujours présente plus que jamais et je dirai même qu'elle est désormais mon moteur. Mais alors pourquoi ai-je peur ?

Depuis que j'ai décidé de partir, l'insomnie s'est invitée dans mes nuits sans que je ne sache vraiment pourquoi. Je dois avouer que même si je suis sûre de moi et que l'envie de m'en aller définitivement de Paris me tient à cœur, j'ai peur de partir. J'ai peur de l'inconnu et je prends conscience que quitter ma zone de confort est beaucoup plus difficile que je ne l'aurai cru. Mon cœur me dit « oui » mais mon mental me dit « non ». Je sais que je fais le bon choix en prenant cette décision mais malgré tout, n'est-ce pas qu'un rêve ? Partir c'est bien, mais encore faut-il que je sache partir où ? Quand ? Ces deux questions si simples sont pourtant si compliquées !

Je ne sais pas par où commencer. Comment choisir la région ? Dois-je établir un plan d'action, me fixer une dateline, visiter plusieurs villes dans différentes régions pour ressentir où je me sens bien ? Je ne me rendais pas compte qu'en décidant de partir cela allait me chambouler ainsi. Rien qu'à l'idée de partir, je ne me sens plus en paix au point de me dire que, finalement, le plus simple serait de laisser tomber. J'ai toujours vécu à Paris. Et quitter Paris pour aller m'installer ailleurs est une aventure à laquelle j'ai l'impression de ne pas être prête. Ce n'est peut-être qu'un fantasme et faut-il que cela ne reste qu'un fantasme ? Ma peur prenant le dessus, rien que de penser que finalement ce n'est pas une si bonne idée, mon mental se calme. Qu'est-ce que ça fait du bien quand le mental s'arrête ! Mais qu'est-ce qu'il m'énerve à vouloir à tout prix me faire changer d'avis !

Il m'est arrivé de changer d'avis comme de chemises : par peur du changement, par peur de l'inconnu, par peur de faire le mauvais choix, par peur de ne pas me plaire, par peur ne pas avoir confiance en moi, par peur d'être déçue et, aussi surprenant que cela peut paraître, par peur de réaliser mon rêve. Ce n'est pas évident à dire et à reconnaître mais c'est vrai que parfois lorsque le rêve devient réalité, on n'a tendance à vouloir faire marche arrière parce que l'on se rend compte que finalement l'on n'est pas prêt... Je me suis souvent demandé si c'est vraiment la peur de l'inconnu qui me fait réagir ainsi ou si c'est autre chose. Est-ce le fait d'aller vers l'inconnu qui me fait peur ou, au fond, est-ce celui de tourner la page, de faire un trait sur ma vie parisienne et de ne pas la retrouver. Et si je faisais marche arrière ?

Et lorsque je regarde sous cet angle, c'est vrai, que je dois reconnaître que j'ai peur de ne pas retrouver ce que j'ai laissé. C'est-à-dire, de ne pas retrouver mes amis, mes futurs anciens collègues, mon appartement, mes repères dans le quartier, bref, j'ai peur de ne pas retrouver ma zone de confort s'il m'arrivait de revenir.

Je comprends ces personnes qui ont tant de mal à

lâcher ce qu'ils connaissent pour aller vers ce qu'ils ne connaissent pas, pour le fait d'être dans la même situation actuellement. Ce n'est pas l'inconnu qui fait peur, c'est de ne plus retrouver sa zone de confort en cas de retour en arrière.

En prenant conscience de tout cela, et même si pour le moment ce départ est encore brouillon dans ma tête, je me suis quand même fixé une dateline à ne pas dépasser et une première étape primordiale à franchir : demander une mutation. Bah oui, il faut quand même que mon employeur soit au courant pour qu'il accepte ma demande.

Décider de partir ou prendre une décision aussi importante dans sa vie est une aventure. Une belle aventure à vivre jusqu'au bout même si parfois celle-ci peut donner des sueurs froides ou des insomnies. C'est bon signe, cela veut dire que c'est le bon choix que l'on fait car il nous tient à cœur. On n'a pas tendance à faire des insomnies pour quelque chose dont on s'en fiche royalement.

14 - Le deuil du passé

Jamais je n'aurais pensé qu'il faille faire la paix avec son passé ou accepter le départ d'un être cher pour être en paix avec soi. Pour moi, la vie nous imposait des épreuves et il fallait juste les surmonter qu'on les accepte ou pas. Au fil des mois et au fil des formations bien-être et des lectures, j'ai compris. Myriam Brousse dans son livre « *le corps a une mémoire* », explique que le corps emmagasine beaucoup en lui et que toutes les épreuves de la vie laissent une trace sur notre corps physique. Cela peut se traduire par des maladies : le mal a dit. Jacques Martel l'explique très bien dans « *Le grand dictionnaire des malaises et des maladies* » ou encore Michel Odoul dans son livre « *Dis-moi où tu as mal je te dirai pourquoi* ».

Il m'a fallu près de vingt ans et plus pour accepter le deuil de personnes qui me sont chères, tout simplement parce que, pour moi, cela n'était pas juste. J'ai vécu ces épreuves avec des années d'intervalles comme des injustices. Alors comment puis-je faire mon deuil si, pour moi, ces départs sont injustes ? Comment accepter le départ d'un proche alors que rien ne le présageait et que la personne s'en est allée parce qu'elle se trouvait au mauvais endroit au mauvais moment ? Comment peut-on voir la justice là-dedans ?

J'ai compris avec le temps que tout départ d'un être cher n'est pas juste qu'elle soit malade ou en bonne santé, âgée ou jeune. La personne s'en va parce que c'est son heure. Il n'y a pas de justice dans le départ, c'est juste le moment pour la personne de s'en aller, tout simplement. Il m'a fallu des années pour le comprendre. Même si cela fait mal, même cela veut dire de couper les liens qui me rattachent encore au passé et à la personne, cela permet d'accepter la situation et de se libérer de la douleur qui me retient prisonnière dans des émotions négatives. Mais j'ai compris que ce n'est pas parce que j'accepte son départ que cela veut dire que je ne penserai plus à elle.

Accepter cette séparation, même si douloureuse, me permet de lâcher en toute sécurité le lien auquel je m'accrochais pour la retenir encore près de moi de peur de l'oublier. Mais on n'oublie pas les êtres qui nous sont chers car ils font partie de nous. Nous sommes à un moment dans notre vie amenés à ce que nos chemins se séparent pour que chacun prenne sa route. Au contraire, depuis que je l'ai accepté, j'ai remarqué que non seulement je pense plus à elle qu'auparavant mais que quand je revois les moments de bonheur passés ensemble cela me réconforte et me remonte le moral de voir son sourire au lieu d'éprouver de la tristesse et d'être deux fois plus déprimée.

Se couper de ses émotions c'est comme se couper de son enfant intérieur, de cette part en nous qui veut exprimer ce qu'elle ressent. Et refuser de l'écouter, c'est fermer les yeux et faire comme si tout allait bien alors que ce n'est que pur mensonge. La PNL m'a permis de comprendre que s'interdire de montrer ses émotions, c'est s'interdire de vivre. Car tout être humain sur cette terre a des émotions. J'ai grandi avec la croyance que les adultes ne pleurent pas. Et puis, je suis devenue adulte et puis j'ai vu les grands pleurer aussi. Et j'ai compris que celui qui n'a jamais pleuré n'existe pas.

Faire le deuil de son passé n'est pas une mince affaire. Mais faire le deuil de son passé est une libération pour vivre sa vie dans le présent. Elisabeth Kübler-Ross avait décrit cinq étapes dans son livre *Death & Dying* en 1969. Le passé est passé et le futur n'existe pas. Seul compte le présent. Et pour vivre sa vie pleinement, il faut faire la paix avec soi et avec son passé. Je reprends les étapes que cette autrice décrit dans son livre :

Étape 1 : le déni. Nous rejetons la situation. Nous refusons que la personne s'en soit allée car l'on ne la reverra plus jamais. Moi, quand j'ai appris le décès de la personne qui m'était chère, la première pensée qui m'est venue c'était « *mais non ! elle n'a pas pu me faire ça ! C'est n'est pas possible !* » Bref vous voyez, on garde espoir d'avoir mal entendu ou mal compris la nouvelle...

Étape 2 : la colère et le marchandage. Nous éprouvons de l'injustice face au départ de l'être cher. La colère parce que la personne est partie trop tôt. Mais derrière cette colère, se dissimule souvent le chagrin ou des peurs non-exprimées.

Étape 3 : Le marchandage parce que l'on est prêt à tout, à changer soi-même pour que la personne revienne.

Étape 4 : la dépression. On éprouve de la tristesse car l'on ressent le vide, l'absence de la peur. Les liens ont été arrêtés trop brutalement.

Étape 5 : l'acceptation. Puisque l'on n'a pas le choix, on arrête de lutter contre sa disparition et on vit avec. De toute façon que peut-on faire ? Que l'on l'accepte ou pas, cela ne la fera pas revenir alors on apprend à vivre sans elle.

Alors pour accepter son départ, je me suis autorisée à lui parler comme si elle était là, face à moi et que l'on avait une petite conversation ensemble. Bon, on va dire que j'ai plus parlé qu'elle, cela va de soi ! Non, ne rigolez pas... Voilà comment j'ai procédé :

Je me suis assise sur un fauteuil dans mon salon et j'ai posé sur le fauteuil d'en face, le grand cadre dans lequel se trouve sa photo (70 x 100 cm mais un tout petit ou une simple photo suffirait) et je lui ai parlé comme si elle était vraiment là, elle l'était énergétiquement, en fait. Je la revoyais assise avec sa barrette dans les cheveux, ses petits yeux couleur noisette qui me regardait, je pouvais *presque* sentir son parfum Chanel N° 5 qu'elle adorait mettre. J'ai d'ailleurs senti comme un vent léger et des frissons sur mes mains et mes bras. Je lui ai dit ce que j'avais sur le cœur, difficilement, car plus je lui parlais et plus mes larmes coulaient à flots comme une pluie diluvienne pour, au final, m'empêcher de parler à haute voix tant ma gorge était nouée d'émotions. Je lui en voulais d'être partie sans me dire au revoir, sans qu'elle m'ait laissé le temps de lui dire « *je t'aime* » et de lui faire un bisou sur son doux visage. Je l'ai remerciée d'avoir fait et de continuer de faire partie de ma vie. Je lui ai dit, même si je ne la voyais plus et que je ne la verrai plus jamais ici-bas que je l'aime pour la vie, qu'elle me manquera toujours mais que désormais je suis prête à vivre ma vie dans l'instant présent et non plus dans le passé et que je la laisse reposer en paix. Même si les émotions se sont invitées, je les accueillies sans honte ni jugement. Je me suis sentie beaucoup plus légère après cela.

15 - La rupture

La rupture est une étape difficile de notre vie un peu comme un deuil, peu importe le motif de la rupture et peu importe le domaine car cela indique une fin, la fin brutale d'une relation.

Parfois l'on subit une rupture. Cela peut être dans une relation amoureuse, amicale, familiale ou même professionnelle et parfois l'on décide de rompre car la situation ne convient pas ou plus.

En général, lorsque rupture il y a entre deux personnes, c'est parce que l'autre ne nous nourrit plus. Cela indique que désormais chacun prendra un chemin différent car l'on n'est plus compatible ou que la personne ne correspond plus à nos besoins. Cela ne veut pas dire forcément dire qu'il n'y a plus d'amour. Cela peut être différent mais il n'y a plus assez de choses communes pour continuer ensemble sur le même chemin.

Ce n'est pas parce que l'on est avec une personne depuis trente ans que l'on sera ensemble pour la vie, ou parce que notre meilleur ami fait partie de notre vie depuis la maternelle. Une relation n'est pas obligée d'être indéterminée. Une personne, même membre de notre famille, peut faire partie de notre vie pendant un temps avant que nos chemins se séparent et parfois pour toujours.

Il ne faut pas prendre la rupture comme une fin même si elle fait mal, voire très mal. Elle peut aussi indiquer le début d'une nouvelle opportunité, d'une nouvelle histoire. On a tellement tendance à voir la porte qui se ferme que l'on ne voit pas celle qui s'ouvre...

Comment peut-on surmonter une rupture ? On passe par les cinq phases du deuil comme l'explique Elisabeth Kübler-Ros. Acceptez ce qui est et voyez que, finalement, la personne ne nous correspond plus. Cela vous évitera de repenser à cette histoire au point de vous mettre le moral dans les chaussettes ou d'être en colère.

16 - Schémas répétitifs dans mes relations amoureuses

Ah ! les schémas répétitifs de la vie amoureuse, une longue histoire... Vous n'êtes-vous jamais demandé pourquoi vous rencontrez toujours les mêmes types de personnes en vivant les mêmes histoires mais de façon différente alors que vous vous êtes promis de ne plus retomber dans le piège ? Vous n'êtes-vous jamais dit : c'est fini je ne me ferai plus avoir mais, la fois d'après Boum ! C'est reparti pour un tour ? Mais pourquoi ce schéma revient-il tout le temps ?

J'ai tendance à faire le point avec moi-même quand je vis un échec, bon pas aussitôt après car j'ai besoin de digérer l'échec et de faire mon deuil mais, avec le recul, quand la douleur n'est plus aussi forte, j'essaie de comprendre pourquoi cela n'a pas fonctionné et j'essaie de voir ce que je peux améliorer pour que cela se passe différemment la prochaine fois. Et c'est un choc de voir que j'ai répété le même schéma parfois.

Déjà si le schéma revient tout le temps, il faut s'en rendre compte. Et pour cela, il faut trouver les points communs de toutes ces histoires. Peu importe le domaine de vie dans lequel le schéma se répète, il faut prendre chaque histoire et voir qu'est-ce qui se reproduit à chaque fois ? Comment ? En vous posant les bonnes questions tout en étant bienveillant avec vous-même sans porter de jugement et encore moins un regard négatif. Pas la peine de s'auto-saboter ce n'est pas du tout le but. Juste prendre conscience que les faits sont les mêmes.

Les premières fois, on ne se rend pas vraiment compte. Puis, ensuite, une fois de trop, on se rend compte que quelque chose ne va pas. Puis, on guette la fois d'après en se disant que, peut-être, c'est notre cerveau qui se fait des films et ensuite la fois d'après qui nous fait enfin prendre conscience que, non, quelque chose ne va vraiment pas. Et c'est à partir du moment où l'on cherche à comprendre d'où vient la source du problème pour le corriger et arrêter de le répéter afin qu'on puisse s'en libérer.

Un schéma répétitif n'est pas là pour nous embêter. Il est là pour nous aider à régler ce qui ne va pas afin de pouvoir avancer sur son chemin. Être bloqué dans un schéma répétitif nous empêche d'obtenir ce que nous voulons car l'on se retrouve dans un cercle qui nous fait tourner en rond. Alors avant de jeter la pierre à l'autre où de reporter tout le temps la faute sur les autres, demandez-vous si c'est un schéma répétitif.

Une réponse vous viendra, un déclic vous apparaîtra comme une évidence. Mais pour cela, il faut juste accepter ce qui est et être honnête avec vous-même. Cela ne sert à rien de regretter. Ce qui est passé est passé et l'on n'a plus la main dessus. Mais, heureusement, on peut modifier le présent qui, lui, impactera le futur.

Accueillir ce schéma répétitif en toute bienveillance permet d'aller de l'avant sans regretter le passé et pouvoir tourner la page vers le présent, l'ici et maintenant.

17 - Le passé revient

Quand je prends conscience de ce qui ne va pas et que je mets tout en œuvre pour améliorer mon présent en apportant un regard différent à ce qui se passe, il m'arrive parfois d'avoir des anciennes mauvaises habitudes qui reviennent, notamment lorsque le moral n'est pas au beau fixe ou que j'ai une baisse d'énergie.

Ce n'est pas évident d'envoyer valser les habitudes qui ne nous conviennent plus. Même si l'on prend conscience de vivre une émotion négative à un instant « T » et qu'on la gère totalement différemment qu'avant, parfois, les habitudes du passé reviennent car elles ont la tête dure. Bien que j'aie conscience que celles-ci ne me conviennent plus, elles n'hésitent pas à toquer à la porte de mon conscient et me mettre le doute car, par moments, je me mets à penser : « c'est vrai qu'avant quand ça se passait ainsi, je tapais du poing sur la table et je me faisais entendre »... Alors, vient le réflexe de vouloir réagir comme avant...

Du coup, quand je sens que le passé veut revenir, j'essaie toujours de le remettre à sa place en lui rappelant qu'il n'est pas du tout invité dans la situation actuelle. Cela m'arrive, par exemple, quand je pense à la personne qui m'est chère et que j'éprouve de la tristesse. Je sais que le passé revient car je sens qu'au lieu que cela me réconforte de penser à elle, je suis encore plus déprimée alors je dis stop au passé.

Quand je le sens toquer à la porte du présent en

me disant : « Coucou je suis là si tu as besoin », alors je lui demande « Quel est le mot de passe ? » « Hein ? Quel mot de passe ? » me demande-t-il. « Non merci, ça va aller ? Lui dis-je. « Hein ? Tu ne veux plus de moi ? S'insurge-t-il. « Il y a désormais un pont magique à passer pour le présent, si tu ne le connais pas, alors tu n'es pas invité ».

Du coup, il se tait et j'arrive à me ressaisir. Tout cela pour dire que le passé voudra toujours se mêler du présent en ajoutant sa touche de réaction négative que l'on avait. Ne pas hésiter à lui faire comprendre qu'il n'est pas (plus) le bienvenu si c'est pour ramener avec lui cette négativité. L'on peut repenser au passé parce qu'il fait partie de nous. Mais dans le passé vécu l'on peut faire le tri de ce que l'on veut revivre ou pas. Il faut savoir tirer les leçons du passé sans pour autant continuer à vivre dans ce passé. Continuer à repenser à son ex ne changera rien et ne le fera pas revenir et cela nous fera perdre notre temps alors que lui continue à vivre sa vie pendant que la nôtre est bloquée dans le passé et nous fait passer à côté de l'opportunité de rencontrer une personne merveilleuse avec qui l'on n'aura plus d'affinités.

Accepter la fin d'une expérience car la fin est le début d'une nouvelle expérience. La fin veut juste dire que la situation vécue n'a plus sa place dans celle qui va arriver, alors elle s'en va. À nous de ne pas continuer à regarder la porte fermée.

18 - L'écriture intuitive

L'écriture intuitive est ma thérapie personnelle. Quand rien ne va, quand je n'arrive pas à prendre du recul avec une situation parce que j'en ai gros sur la patate, alors je m'accorde un entretien avec moi-même. Quand le besoin se fait ressentir, je prends un moment pour exprimer tout ce que j'ai sur le cœur et pour cela, je me mets à nu. Oui, c'est le moment où il faut faire tomber les masques que l'on montre aux autres qui disent : « *vous voyez moi je vais bien, la vie est belle, le ciel est bleu et les oiseaux chantent !* ». Non là, avec l'écriture intuitive, il n'y a pas de mensonge, il n'y a pas de tabou, il n'y a pas de honte. C'est le cœur qui parle et non plus l'ego ou le mental.

Quoi écrire me demanderez-vous ? Je vous réponds pourquoi le savoir ? On n'a pas besoin d'être Freud ou Molière ou encore d'avoir fait des études de lettres à l'université pour poser ces mots qui font mal. Il suffit d'écrire avec ses tripes et de mettre en retrait son côté cartésien qui veut tout comprendre, tout maîtriser et se permettre de se parler en toute simplicité. Juste écrire ce que « sa petite voix » nous dicte. Et si on n'arrive pas à le faire, c'est peut-être parce qu'il est difficile de lâcher-prise ou parce que l'on a peur. Alors à ce moment-là, notre musique du moment peut nous aider à se reconnecter à nous-mêmes. Pas la peine de se dire « il faut absolument que j'écrive » ou « mais j'ai beau réfléchir, je ne vois pas ». C'est sûr qu'en se disant cela, on n'écrira pas une seule lettre. Plus le cerveau va s'inviter en voulant mettre grain de sel alors qu'on ne lui a rien demandé et plus l'envie d'écrire va disparaître pour laisser place à l'envie de faire une autre activité tout ça parce que cela ne lui convient pas. Le mental n'aime pas sortir de sa zone de confort. Il n'aime pas tout ce qu'il ne maîtrise pas surtout quand cela vient du cœur. N'avez-vous pas remarqué que quand vous prenez des décisions avec votre cœur, celles-ci correspondent plus à votre désir profond ?

Écrire permet d'évacuer toutes les émotions négatives que l'on ressent et que l'on a du mal à exprimer oralement. Il ne faut pas avoir peur d'écrire *je me suis sentie humiliée* ou *cette femme à la forme parfaite m'énerve* si c'est le cas. Cela permet de prendre conscience de l'émotion que l'on éprouve (parfois, l'on ne se rend même pas compte que l'on a cette émotion) et de s'en libérer.

Écrire c'est permettre à son âme de s'exprimer. De mettre sur papier ce que l'on n'ose pas dire de peur de se montrer faible. Se permettre ce rendez-vous, s'accorder un moment à soi. Poser des mots sur ce que l'on veut. Comment savoir ce que l'on veut si l'on ne se pose même pas la question ? Personne, à part nous-mêmes ne peut répondre à cette question. Et, laisser les autres décider de ce que l'on veut, c'est leur donner le pouvoir sur notre vie et sur le chemin qui n'aurait peut-être pas été le nôtre si l'on avait choisi soi-même.

Il est important d'écrire ses ressentis, ses expressions : ex-pressions. Libérer ses pressions afin de dénouer ses nœuds et de se sentir bien. N'oubliez pas, vous êtes la seule personne qui vous accompagnera tout au long de votre vie. Si vous n'êtes pas bien avec vous-même, vous ne pourrez pas être bien avec les autres car on a beau faire semblant, le naturel revient au galop et quand on a tendance à l'étouffer, il revient avec force.

Ne pas faire semblant permet d'être sincère avec soi et avec les autres et d'être avec les personnes que l'on a choisies et non pas les personnes qui nous ont choisis. Écrire est l'une des thérapies gratuites qui permet à votre âme de s'exprimer.

Il en existe bien d'autres et heureusement ! Le plus important, peu importe le moyen de s'y prendre, l'essentiel c'est de s'accorder un rendez-vous avec soi pour faire le point, voir les choses différemment et convenir des réglages à apporter si besoin et trouver des solutions auxquelles l'on n'aurait pas pensé car le mental est en « off ».

Il faut savoir s'écouter même si sur le moment cela paraît complètement farfelu. N'oubliez pas que le mental n'est pas le maître.

19 - S'aimer

On est la seule personne qui nous accompagnera tout au long de notre séjour terrestre, disais-je. On est la seule personne qui nous supporte et nous accepte jusqu'à la fin de notre vie.

Avant de demander aux autres de nous aimer, posons-nous nous-mêmes cette question. Est-ce que je m'aime ? Est-ce que je suis bien en ma propre compagnie ? Comment pouvez-vous demander à quelqu'un de vous aimer si vous ne vous aimez pas vous-même ? Comment pouvez-vous demander à quelqu'un de vivre avec vous si vous ne supportez pas votre propre compagnie ? Vous ne pouvez pas demander à quelqu'un d'aimer quelque chose que vous-même n'aimez pas.

C'est comme un professeur qui enseigne les mathématiques : il ne peut pas demander à ses élèves d'aimer sa matière si lui-même ne l'aime pas ! Car que va-t-il se passer ? Les élèves ressentiront son manque d'assurance, son manque de pédagogie qui très vite ne leur donneront pas l'envie d'accorder du temps à cette matière.

S'aimer, c'est s'accepter avec ses qualités (si si ! on en a des qualités !) et ses défauts. Comme je l'ai déjà dit, la perfection n'existe pas. Il n'existe pas une seule personne sur terre « parfaite ». S'aimer c'est aussi reconnaître que l'on fait des erreurs et les accepter. Comment s'aimer ? C'est d'abord savoir qui l'on est *réellement* et non pas être ce que les autres attendent de nous pour se faire apprécier.

S'aimer, c'est accepter de dire non à une demande parce que cela ne nous convient pas sans pour autant blesser l'autre. S'aimer, c'est s'écouter et respecter ses désirs, ses souhaits, ses envies, ses besoins. Nous sommes une part entière de nous-mêmes et il faut accepter de ne pas avoir toutes les qualités du monde (heureusement !).

S'aimer, c'est accepter que l'on ne puisse pas plaire à tout le monde. C'est être soi et aimer son corps, ce que l'on est capable de faire ou de ne pas faire parce que l'on n'est pas doué en tout. Plusieurs fois, par exemple, en voyant une femme mince, pas un centimètre de graisse ne dépassait, j'ai envié son corps. Ou, dans un autre domaine, cette personne qui a osé se mettre à son compte alors que moi j'avais enterré depuis des lustres mon envie d'entreprendre. Mais, avec le temps, j'ai appris à aimer mon corps tel qu'il est parce que si je l'ai choisi pour être mon compagnon de vie c'est parce qu'il est fait pour moi et parce que je ne trouverai pas meilleur compagnon que lui. Peu importe qu'il faille que je porte une taille hors normes, qu'il faille apporter des retouches ou que mon ventre n'ait pas de tablettes de chocolat. C'est mon corps et je l'aime comme il est, tout comme je m'aime pour ce que j'apporte professionnellement, je m'aime d'avoir choisi ce métier plutôt qu'un autre car celui-ci me correspond le plus. Je m'aime pour les choix que j'ai faits dans ma vie parce que j'ai choisi de les vivre. J'aime mes défauts parce qu'ils sont propres à moi et c'est ce qui fait ma particularité, ma touche personnelle.

De plus, les défauts peuvent être des qualités recherchées par les autres : être directif est une qualité qu'un manager aimerait avoir alors que cela peut être considéré en soi comme un défaut.

On n'a pas besoin du regard des autres pour s'aimer. Tant que l'on fait ce qui nous correspond, tant que l'on aime ce que l'on fait, tant que l'on aime qui l'on est réellement, c'est le plus important. Cela veut dire que l'on est en adéquation avec nos propres valeurs et c'est cela le plus important dans la vie.

20 - La Microkiné

J'ai entendu parler de la microkiné par une amie. Qu'est-ce que c'est ? La microkiné est un soin naturel a été mis au point dans les années 1980 en France par les kinésithérapeutes Patrice Benini et Daniel Grosjean. C'est une technique de manipulation manuelle qui permet de trouver dans l'organisme du patient des traces d'événements traumatiques non-éliminés. La stimulation de ces zones déclenche les mécanismes d'autocorrections capables de les faire disparaître. Cela consiste à contrôler et à restaurer la vitalité de tous les tissus corporels.

C'est un soin naturel. Une séance peut suffire dans certaines situations ou d'autres demanderont une séance de plus. La consultation dure en moyenne 45 minutes. Après le soin, vous devrez vous hydrater beaucoup afin de faciliter l'élimination des traces. Éviter de le faire à la veille d'un événement important (match de foot, tournoi, réunion avec des clients, etc.). Non pas parce que cela décoiffe mais parce que vous pourrez vous sentir soit fatigué, soit nerveux, sans réel motif. Rassurez-vous ce n'est pas bien méchant et cela ne dure pas. C'est juste le temps que le réglage du soin face son effet.

Pendant la séance, le thérapeute peut vous dire les traces que les événements traumatiques ont laissées sur votre corps. Car n'oubliez pas, le corps a une mémoire et il parle quand l'on veut bien l'écouter ! Le corps emmagasine tout, il n'oublie rien car c'est ainsi qu'il peut se défendre, par exemple, dans une situation qu'il a déjà vécue ou par une maladie qu'il a déjà eue, le rhume...

Quelle n'a été ma surprise lorsque, pendant la consultation, le thérapeute m'a décrit, en passant sa main sur une zone de mon corps, le traumatisme vécu en me sortant l'année où cela s'était produit ! Il avait visé juste au point que j'ai eu peur de lui en me disant « *ce n'est pas possible, il devait connaître Damien sinon comment serait-il au courant ?* » puis, après, je me suis dit « *à moins qu'il soit médium ?* ». Il a ainsi réussi à me dire trois événements importants qui ont laissé des traces sur mon corps.

Le thérapeute a passé sa main à plusieurs reprises sur certaines parties de mon corps en insistant plusieurs fois avant de m'informer que les réglages étaient faits. Je n'ai pas eu besoin de seconde séance mais j'ai regretté de ne pas avoir posé un jour de repos le lendemain car je ne me sentais pas bien. La fatigue, la nervosité et la nausée se sont invitées dans ma journée. Cette journée-là aurait dû faire partie des jours où rester au lit n'est pas un luxe.

La microkiné ne fait pas mal. Au contraire, c'est comme une caresse sur le corps. Et le contact sur mon corps m'a fait du bien. Je suis ressortie de la séance légère comme une plume avec comme seule envie : dormir. Je regrette qu'elle ne soit pas connue par tous et recommander par la Sécurité sociale. Car c'est une méthode de guérison qui fait du bien au moral et qui permet de travailler sur les cellules du corps sans les traumatiser. C'est un doux soin bienveillant. Petit conseil pour les filles, si vous êtes tentées de faire une séance :

allez-y avec une tenue confortable comme pour faire du sport : leggings ou pantalon confortable.

21 - Savoir ce que l'on veut

Parfois, arrivé à un tournant important de sa vie, il est important de savoir ce que l'on veut afin de prendre le chemin qui nous mènera à l'objectif. Pour ma part, sachant ce que je veux : quitter la région parisienne pour aller vivre en province, je me devais de franchir le premier pas afin de lancer la machine, le dire à mon chef. Après sept ans à travailler au même endroit, avec les mêmes collègues, pour la plupart, ayant mes repères et mes habitudes, ce n'était pas évident. Sortir du cercle vicieux du train-train quotidien n'est pas aussi facile que l'on le pense.

Plus d'une fois j'avais voulu franchir le pas afin d'informer mon chef qu'à la prochaine ouverture de poste en interne je demanderai une mutation mais, plus d'une fois, je me suis ravisée prétextant que cela n'était pas le bon moment même si je me mentais à moi-même. Mais reporter avait pour effet de calmer ma peur. Oui, cela me rassurait de ne pas le dire. C'était comme si quelque chose me rattachait encore à Paris.

En fait, j'avais peur. Peur de tout quitter même si l'envie était là, elle m'empêchait de franchir le cap. Je voulais partir mais le mental, lui, ne voulait pas bouger de sa zone de confort. Et pour être franche, je n'avais pas le courage de le contrarier pour le moment. C'est comme si, en posant les mots, le compte à rebours serait lancé et la commande envoyée. J'avais peur de partir parce que pour moi cela signifiait que je faisais un trait sur le passé, comme si, en voulant partir, je voulais l'oublier et changer d'identité. Oui, c'est cela qui me faisait peur.

Même j'éprouvais de la sérénité quand je repoussais la dateline pour le lui dire, je n'étais plus à ma place car je savais au plus profond de moi que je *devais* partir. Alors j'ai pris mon courage à deux mains et j'ai décidé de lâcher la « bombe » lors de mon entretien annuel. Mon chef ne s'attendait pas du tout à cela. À vrai dire, moi non plus. Cette phrase est sortie de ma bouche sans même m'avoir laissé le temps de faire tout un speech pour le préparer psychologiquement. Je me rappelle l'avoir regardé dans les yeux et lui avoir dit : je vais demander une mutation pour quitter la région parisienne. Il m'a regardé avec surprise, il ne s'attendait pas du tout à cette décision. En sortant du bureau j'étais soulagée de mon entretien avec lui. Et là, je me suis rendu compte que ça y était, je venais de passer ma commande. Il ne restait plus que la validation et la livraison qui ne tarderaient pas à arriver. Quelle ne fut ma surprise de voir près de deux mois plus tard des postes vacants en interne disponibles dans différentes régions ! Mon CV était déjà prêt et n'attendait que ce moment. Alors, sans hésiter, j'ai envoyé ma candidature sur la ville de mon choix en laissant parler mon instinct car lui seul sait ce qui est bon pour moi. La commande venait d'être validée !

22 - Bannissez-les « pourquoi » et priorisez les « comment » ou les « qu'est-ce que » ?

Oh ! Le pourquoi ! Qu'est-ce que je passais mon temps à me poser cette question ! Pourquoi cela ne marche pas ? Pourquoi je n'arrive pas à réussir à cet examen ? Pourquoi tout le monde m'en veut ? Pourquoi cela n'arrive qu'à moi ? Pourquoi je ne tombe que sur des imbéciles ? Pourquoi... ? Pourquoi... ?

Bref, vous l'aurez compris, les questions commençant par « pourquoi » étaient mes favorites. Il fallait toujours que je comprenne pourquoi. Je ne sais pas si c'est pareil pour vous ? L'avez-vous remarqué ? Quand quelque chose de désagréable vous arrive ou que vous n'avez pas ce que vous voulez, la première question que vous vous posez commence toujours par « Pourquoi... ? ».

Pourquoi cela n'arrive toujours qu'à moi ? Pourquoi je n'ai pas obtenu le résultat souhaité alors que je me suis donné à fond ? On a parfois l'impression que le monde entier nous en veut...

Et si, à la place du pourquoi j'ai échoué alors que je me suis donné à fond pour réussir on se demandait plutôt comment puis-je faire différemment pour que je réussisse la prochaine fois ? Ou encore : Qu'est-ce que cet échec peut m'apporter pour que je puisse m'améliorer ?

Voyez-vous la différence ? Le pourquoi cherche des explications en nous faisant passer pour une victime alors que le « comment » ou le « qu'est-ce que » cherche à trouver des solutions. Avec le pourquoi, on a tendance à regarder la porte fermée, alors qu'avec le comment ou le qu'est-ce que, l'on se dirige vers la porte qu'il faut ouvrir...

Parfois, à trop regarder la porte fermée, l'on passe à côté d'opportunités que l'on n'aurait jamais pu imaginer. Ne pas considérer l'échec comme destination finale mais plutôt comme une opportunité, un détour, qui peut être finalement un raccourci, vers notre destination ou notre but. Pour obtenir ce que l'on désire, il faut oser se poser les bonnes questions.

Si vous demandez au GPS où se trouve la rue du 8 mai 1945, il ne vous donnera pas le même résultat que si vous lui demandez de vous montrer le trajet de la rue du 8 mai 1945 Paris 10... parce que des rues portant le nom du 8 mai 1945, il y en a un paquet... Vous voyez la différence ?

Plus vous poser des questions précises, plus vous aurez des réponses précises. Plus vous vous posez des questions fermées, plus vous vous fermerez inconsciemment des portes.

23 - Le regard des autres

Combien de fois cela nous est-il arrivé de nous empêcher de faire ce que l'on souhaitait vraiment parce que l'on est bloqué par le « *qu'est-ce que les gens diront ?* » ou encore les « *on-dit ?* ». On a souvent tendance à faire des choses en fonction de ce que les autres penseront ou diront ou encore de la manière où l'on sera perçu par l'entourage. Mais dépendre du regard des autres pour prendre des décisions importantes vous fera passer à côté de votre vie. N'oubliez pas qu'il s'agit de *votre* vie. Et non de celle des autres. Ne prenez pas absolument tous les conseils pour acquis car vous avez aussi votre libre arbitre. Demander des conseils c'est bien, prendre la responsabilité de choisir soi-même ce chemin plus qu'un autre, c'est mieux.

Cela ne veut pas dire que ce sera le bon choix certes, mais cela voudra dire que vous n'aurez pas de regret. Vous avez essayé, cela n'a pas fonctionné ce n'est pas grave au moins vous êtes maître de la situation et avez, vous-même, décider de vivre cette expérience.

J'avais souvent tendance, avant ma formation PNL, à laisser les autres décider pour moi parce que je doutais de moi et parce que je me disais que l'autre me connaissait mieux que moi-même... C'est un leurre. Personne ne vous connaît mieux que vous-même. On a beau avoir passé 50 ans avec une personne que cela ne veut pas dire que l'on connaît *réellement* cette personne. Les gens évoluent, on évolue tous et heureusement ! La meilleure attitude que l'on peut avoir c'est de *s'écouter*. La PNL m'a fait prendre conscience que je n'avais pas suffisamment confiance en moi à l'époque et que j'avais toujours besoin de la confirmation de mes proches.

Donner la responsabilité à l'autre de choisir pour vous, c'est lui remettre entre les mains votre vie, votre destin. C'est à la fois une lourde responsabilité car cette personne à aussi sa propre vie à gérer mais aussi parce que cela fait de vous une personne dépendante. Cela indique que vous avez toujours besoin de la réponse d'autrui pour choisir, vous êtes sous influence. Choix qui n'aurait pas été forcément le vôtre si vous l'aviez fait vous-même.

En général, lorsque l'on laisse les autres décider pour nous, cela peut être dû au manque de confiance en soi. On ne se sent pas capable de réfléchir ou de trancher. Le cœur balance entre la raison et le désir profond. L'enjeu peut aussi être parfois trop important pour soi ce qui nous fait croire que l'on n'a pas les épaules assez solides pour prendre de telles décisions.

Dépendre à chaque fois d'autres personnes pour choisir nous empêche d'être nous-mêmes. Cela nous empêche de connaître nos propres besoins et de les nourrir afin d'avoir une vie heureuse et épanouie. En effet, il y a un écart entre faire ce que l'on veut et faire ce que les autres attendent de nous.

Avoir confiance en soi vous permet d'être sûr de vous lorsque vous parlez avec une personne ou en public et cela permet de ne pas être influencé par le regard ou les avis des autres.

24 - Vivre tout simplement

En réalité, je vous dirais que nous sommes ici pour vivre une expérience humaine. Nous sommes venus seuls et repartirons seuls. Il serait dommage de ne pas profiter de notre passage sur terre (qui est à durée déterminée) pour vivre l'expérience de la vie.

Chaque être humain a la particularité d'être unique. Aucun de nous n'a deux empreintes digitales identiques même pour le cas des vrais jumeaux. Nous ne sommes pas là pour rien et nous ne sommes pas l'autre et l'autre n'est pas nous. Nous ne pouvons pas exiger des autres de faire ce que l'on voulait faire parce que nous n'avons pas pu le vivre nous-mêmes. L'on ne *peut* pas, l'on ne *doit* pas vivre par procuration ou imposer notre choix à l'autre.

Il faut savoir vivre sa vie sans l'imposer aux autres et savoir savourer chaque seconde que nous passons ici en faisant de notre mieux pour nourrir nos besoins. Nous ne sommes pas là pour faire plaisir aux autres mais pour faire ce que l'on envie même si cela ne plaît pas à l'autre.

Nous n'avons n'a pas besoin du regard des autres pour être heureux. On a juste besoin de s'écouter et de faire ce que notre cœur désire. La personne qui n'accepte pas notre choix alors que cela nous rend heureux n'a pas besoin dans ce cas de faire partie de notre vie.

Arrêtons de chercher le bonheur chez les autres, dans le shopping. Le bonheur se trouve en nous. La réponse à nos besoins se trouve en nous. Personne ne saura mieux que nous-mêmes ce qui est bon pour nous. Mais pour le savoir, il faut s'écouter. Il faut accepter de mettre son mental en « off » et accepter le silence qui nous parle.

Nous sommes décisionnaires de notre vie. La remettre dans les mains d'une personne c'est comme remettre les clés de notre vie à cette personne qui nous emmènera là où cela lui chante en ignorant complètement ce que l'on désire et fera ce qu'elle voudra de nous.

Il faut reprendre confiance en soi, il faut s'aimer et s'accepter tel que nous sommes. Je vais vous dire un petit secret : *lorsque l'on n'aime pas une personne, on peut la quitter, mais lorsque l'on ne s'aime pas, il est difficile de se quitter.*

L'on est comme on est, avec le corps qui est notre véhicule et que l'on a choisi pour vivre cette vie : alors, acceptons-la car elle est notre meilleure alliée et nous ne faisons qu'un avec elle.

Pour vivre heureux, il faut être aligné à son être. Pour cela, il faut nourrir ses valeurs en leur donnant ce dont elles ont besoin pour s'épanouir et ne pas hésiter à les modifier quand celles-ci ne nous correspondent plus car nos valeurs sont comme nous. Elles évoluent avec nous et nos priorités. Il faut vivre sa vie comme cela semble le mieux pour soi.

25 - Pour conclure

Nous avons vécu avec le passage du COVID comme un événement catastrophique planétaire. Nous sommes rendus compte, avec cette privation de liberté, que rien n'est acquis et que tout peut se perdre en une seconde. Qui aurait cru, qu'en 2020, des milliards de gens seraient privés de sortir et de se balader dans les rues comme bon leur semblait ? Qui aurait cru que respirer dans la rue serait devenu payant ? Aujourd'hui, avec les masques, respirer librement est devenu un luxe. Quand je croise une personne dans la rue et que je vois son visage entier, cela me paraît désormais « bizarre ».

Le COVID nous a fait prendre conscience que chaque instant de notre vie compte, qu'il suffit d'une seconde pour tout faire basculer. Nombreux sont ceux qui, désormais, priorisent leur qualité de vie. En changeant de région, en changeant de métier afin de faire ce qu'ils souhaitent réellement. Oui, nous sommes nombreux à prendre conscience que l'on n'a qu'une vie et qu'elle mérite d'être vécue comme on le désire. Beaucoup prennent désormais des risques car l'échec n'existe pas. Comme le dit si bien Nelson Mandela : « *je ne perds jamais. Soit je gagne, soit j'apprends* ».

La vie vaut la peine d'être vécue avec son lot de montagnes russes. Nous sommes tous là pour grandir et évoluer spirituellement. Nous sommes tous là pour vivre une expérience terrestre car ne l'oubliez pas : nous ne sommes que de passage !

Pour ma part, la PNL m'a permis d'aller à la rencontre de moi-même. Se lancer dans cette magnifique aventure, c'est se découvrir, savoir qui l'on est *vraiment* et non pas la personne qui fait plaisir aux autres.

N'ayez pas peur d'aller à la rencontre de votre être, parce que vous serez surpris de découvrir qui vous êtes réellement et non plus un imposteur et ça, c'est le plus beau cadeau que vous puissiez vous faire.

Si vous ne deviez retenir qu'une chose...

Lorsque rien ne va plus, lorsque nos émotions prennent le dessus dans notre vie et dicte notre comportement cela veut dire qu'il est temps de faire un arrêt sur image pour aller à la rencontre de soi, de mettre des MOTS sur ses MAUX et de comprendre qui ne va pas.

Bibliographie

John Grinder, Richard Brandler, *The Structure of Magic Volume I*, Science and Behavior Books, Highlighting, 1989.

Stéphane Clerget, *Les kilos émotionnels comment s'en libérer*, Albin Michel, 2009.

Myriam Brousse, *Le corps a une mémoire*, Fayard, 2007.

Jacques Martel, *Le grand dictionnaire des malaises et des maladies*, Quintessence Holoconcep, 2007.

Michel Odoul, *Dis-moi où tu as mal je te dirai pourquoi*, Albin Michel, 2018.

Elisabeth Kübler-Ross, *On Death and Dying*, MacMillan, Cover Worn, 1969.

Patrice Benini, Daniel Grosjean, *Microkiné*, 1980.

MorrnahSimeona, *Ho'oponopono*, 1980.